AF590880

1re édition, rarissime.

[illegible] [illegible] fausse [illegible] [illegible] [illegible] [illegible] 1785.

Acquis de la Librairie [illegible], à Lyon, décembre 1971.

CONSIDÉRATIONS
SUR LE
GOUVERNEMENT
ANCIEN ET PRÉSENT
DE LA
FRANCE.

Par Mr. le Marquis D'ARGENSON.

YVERDON.

MDCCLXIV.

TABLE
DES CHAPITRES
ET DES
ARTICLES.

CHAPITRE I.

Définitions. page 3

CHAPITRE II.

Principes. 11

CHAPITRE III.

Des Effets de l'Aristocratie & de la Démocratie chez les Nations étrangeres.

Art. I. *Division* 27
— II. *De l'Angleterre.* 28
— III. *La Suede.* 33
— IV. *Venize.* 37
— V. *Genes.* 40
— VI. *La Pologne.* 41
— VII. *Le Corps Germanique.* 45
— VIII. *La Hollande.* 47
— IX. *La Suisse.* 53
— X. *La France.* 55
— XI. *Espagne.* *ibid.*
— XII. *Le Portugal.* 64
— XIII. *Sardaigne.* 67
— XIV. *Dannemark.* 69
— XV. *Les Etats du Pape.* 71
— XVI. *Les Deux Siciles.* 72

Art. XVII. *Modène & les autres Etats d'Italie.* pag. 74
— XVIII. *Souverains d'Allemagne.* 76
— XIX. *La Russie.* 79
— XX. *La Turquie.* 81

CHAPITRE IV.

Ancien Gouvernement Féodal de le France. 87

CHAPITRE V.

Progrès de la Démocratie en France selon notre histoire.

Art. I. *Commencement de la Monarchie.* 101
— II. *Seconde Race.* 102
— III. *Troisieme Race, Louis le jeune.* 103
— IV. *Charles VII.* 111
— V. *Louis XI.* 113
— VI. *Charles VIII. Louis XII. François I. & Henry II.* 114
— VII. *Vénalité des charges.* 116
— VIII. *Henry IV.* 121
— IX. *Louis XIII.* 124
— X. *Louis XIV.* 127

CHAPITRE VI.

Disposition à ètendre la démocratie en France. 138

CHAPITRE VII.

Plan du Gouvernement proposé pour la France.

Art. I. *Magistrats populaires & municipaux.* 159
— II. *D'abord avec moins d'autorité que par la suite.* ibid.
— III. *Nombre des Officiers de chaque Magistrature.* 160
— IV. *Dans les grandes villes. Commissaires subdélégués par quartiers.* ibid.

ART. V. *Autorité & fonctions de ces magistrats, levées des Impositions, suppression des collecteurs.* pag. 161

— VI. *Cette démocratie nullement dangereuse à la Monarchie.* 162

— VII. *Les magistrats populaires exclus de toutes jurisdictions contentieuses. Qualités qui leur suffiront.* 163

— VIII. *Affaires de finance dont ils seront chargés. Deniers royaux, deniers publics.* 164

— IX. *Augmentation des octrois pour les ouvrages publics.* 165

— X. *Impositions que Sa Majesté a employées jusques ici aux ouvrages publics.* ibid.

— XI. *Conduite des ouvrages publics.* 166

— XII. *Intérêts des magistrats populaires de s'en bien acquiter.* ibid.

— XIII. *Méthode pour les impositions & recouvrements.* 167

— XIV. *Choix des méthodes pour l'imposition.* ibid.

— XV. *Indication des principes pour imposer les choses contribuables.* 168

— XVI. *Connoissances du produit des impositions.* 169

— XVII. *Repartition des impositions entre le Roi & les Communautés. Une seule levée & un seul compte.* 170

— XVIII. *Police attribuée aux magistrats populaires.* 171

ART. XIX. *Motifs* pag. 171
— XX. *Motifs d'exclusion des officiers royaux dans l'administration de la police.* 172
— XXI. *Magistrats populaires chargés du commerce & des manufactures. Reglemens généraux & particuliers.* 173
— XXII. *Réglemens généraux & particuliers pour la police.* ibid.
— XXIII. *Les magistrats natifs & domiciliés dans leurs communautés.* 174
— XXIV. *Leur renouvellement chaque année. Conseillers - pensionnaires.* 175
— XXV. *Nulle innovation dans ce plan de gouvernement. Différence des magistrats populaires qui subsistent aujourd'hui & de ceux qu'on propose.* 176
— XXVI. *Assemblées communes des paroisses voisines.* 177
— XXVII. *Divisions des départemens. Intendans.* ibid.
— XXVIII. *Exclusion des Intendants sur les affaires contentieuses. Juges ordinaires & compétents.* 178
— XXIX. *Distinction de l'autorité civile des intendans & de l'autorité militaire des commendans.* ibid.
— XXX. *Subdélégués, receveurs des deniers royaux.* 180

ART. XXXI. *Inspection des officiers royaux. Leur amovibilité & celle des magistrats.* pag. 180
— XXXII. *Résidence des officiers royaux. Leur représentation.* 181
— XXXIII. *Supérieurs des officiers royaux.* 182
— XXXIV. *Ils sont trionnaux.* *ibid.*
— XXXV. *Projet de subdivision. Les départements.* 183
— XXXVI. *Grand nombre d'intendans & de subdélégués. Tems de leurs départemens.* 184
— XXXVII. *Méthode pour choisir les magistrats. Scrutin & non élection. Récommandation par voye de scrutin.* 185
— XXXVIII. *Raisons de compte sur de bons choix.* 186
— XXXIX. *Méthode applicable à tous les autres emplois.* 187
— XL. *Objections de la mutinerie de la noblesse contre les magistrats populaires. Remede & conduite à l'avenir.* 188
— XLI. *Autres raisons de présumer que ces magistrats se feront respecter.* 189
— XLII. *Les Parlements exclus de toute police & finance.* 190
— XLIII. *Appel au conseil.* 191

ART. XLIV. *Affaires des Communautés portées devant les juges ordinaires.* 129
— XLV. *Essai sur deux Généralités.* ibid.
— XLVI. *Démembrement de la place de l'Intendance générale de Police. Intendant de Paris.* 193
— XLVII. *Diminution des fonctions des Commissaires subdélégués par Quartiers.* 194
— XLVIII. *Autres charges de police.* 195
— XLIX. *Echevins, Conseillers-pensionnaires.* ibid.
— L. *Les Echevins ne seront jamais continués.* 196
— LI. *La Vénalité exclue.* 197
— LII. *Vue sur les pays d'Etats & provinces conquises.* ibid.

CHAPITRE VIII.

Effet. Objections. Conclusions.

ART. I. *Effet.* 198
— II. *Objections.* 223
— III. *Conclusions.* 234

Essai de l'Exercice du tribunal Européen pour la France seule. 237

Pour la pacification universelle appliquée au tems courant.

AVERTISSEMENT.

C'EST une prévention presque générale en France depuis le Ministere du Cardinal de Richelieu, que la gloire & la force de l'autorité Royale résident dans la dépendance servile de sujets : on se propose de prouver le contraire dans ce traité, & d'établir quelles étoient les imperfections du Gouvernement Féodal ; on examinera à cet effet les différens Gouvernemens des souverainetés de l'Europe, & on montrera par cet examen que l'administration populaire sous l'autorité du Souverain, ne diminue point la puissance publique, qu'elle l'augmente même & qu'elle seroit la source du bonheur des peuples.

Ces vérités exposées, on proposera quelques principes pour assurer le repos au dehors comme au dedans de l'Etat.

CHAPITRE I.

Définitions.

LA Monarchie eſt le Gouvernement d'un Etat par un ſeul homme. La Monarchie proprement dite s'entend d'un Gouvernement où le Monarque rapporte tout à lui, ne conſidérant en cela que ſon droit de propriété ſur les Etats qu'il gouverne, & ne croyant pas devoir défére aux Conſeils.

Bientôt un tel gouvernement dégénére en tirannie, qui eſt l'abus de l'Etat monarchique par une uſurpation ſuivie d'injuſtice & de violence.

La Rouyauté eſt le Gouvernement d'un Etat par un homme ſeul qui conſidére moins ſon droit de propriété, que le bien de l'Etat qu'il gouverne, & dont il ne ſe regarde que comme le premier Magiſtrat.

Licurgue fonda par ſa Législation le Gouvernement de Lacédémone compoſé de Royauté, d'Ariſtocratie & de Démocratie.

Les Philoſophes politiques ont donné ce mêlange comme le plus parfait de tous les Gouvermens.

Les Anglois ſe vantent aujourd'hui de le

posséder chez eux par le plus juste assaisonnement des trois especes.

Mais il est humainement impossible d'empêcher que tôt ou tard l'un des trois Gouvernemens ne gagne sur les autres.

L'Aristocratie est le Gouvernement des Nobles sur le reste de l'Etat; on le subdivise en deux especes.

L'Aristocratie légitime, où les gens distingués par leur naissance & leur prudence, gouvernent absolument pour le bien commun.

L'Oligarchie ou fausse Aristocratie; lorsqu'un petit nombre de citoyens s'arrogent toute autorité par usurpation & rapportent tout à leurs intérêts, ou à leurs passions.

Tels furent à Rome les Décemvirs peu à près qu'ils eurent été institués, & les Triumvirs pendant tout leur temps.

Il en seroit de même d'une Monarchie, où le Souverain ne se mêleroit de rien, & n'ayant point de premier Ministre, laisseroit gouverner cinq ou six Ministres qui agiroient d'intelligence; cet Exumvirat seroit vicieux.

Le Gouvernement par tout le corps des Nobles sans distinction, sans choix & sans autre titre que celui de la naissance, est encore une fausse Aristocratie, c'est ce qu'on appelle le gouvernement de multitude, le plus vicieux de tous, puiſqu'il dégénére en anarchie, c'eſt-à-dire ſans autorité & ſans chef.

Le gouvernement de Pologne ſeroit ainſi une fauſſe Ariſtocratie & de multitude, ſi les diètes n'écoutoient jamais la voix de leur Roi.

Notre ancien gouvernement Féodal ayant ſubſiſté juſqu'à ce que nos Rois ayent eu des troupes réglées & ſoldées, étoit dans le même état que la Pologne. L'exemple du plus parfait gouvernement ariſtocratique qu'on ait encore connu, eſt la République de Veniſe; l'autorité déciſive & expéditive n'y eſt point confié à la multitude, mais à un nombre d'élus parmi les Nobles comme les plus prudens & les plus diſcrets.

On préſumera toujours dans un état, que des Nobles d'extraction ſont nés avec des ſentimens diſtingués de courage & de vertu, que l'exemple de leurs ancêtres leur prêche continuellement la gloire de les imiter & l'horreur de dégénérer, & que l'éducation leur donne des lumieres.

Voilà l'avantage du gouvernement Ariſtocratique; mais il a cet inconvénient, que le corps de la Nobleſſe étant ſéparé du reſte des citoyens, il affecte de mépriſer & d'accabler les roturiers qui ſont cependant les plus nombreux, & les plus laborieux. Perſonne ne ſtipule pour ceux-ci dans les délibérations générales, & chaque jour la Nobleſſe augmente ſes priviléges & conſomme la ſéparation d'avec le reſte de l'Etat.

Nos loix ſe reſſentent trop de la part que la Nobleſſe a eu dans l'ancien gouvernement.

Un parfait gouvernement eſt celui où toutes les parties ſont également protégées.

Le deſpotiſme eſt l'autorité trop abſolue indépendante de toute loi fondamentale, ou particuliere: elle dégénére ſouvent en tirannie qui eſt l'abus de fait du pouvoir que le deſpotiſme n'a que de droit & à ſa volonté.

Le gouvernement de multitude s'arroge le deſpotiſme & la tirannie plus ordinairement que la Monarchie qui ſe doit à des égards perſonnels.

La Démocratie eſt le gouvernement populaire où tout le peuple a part également ſans diſtinction de nobles ni de roturiers.

Il y a fauſſe & légitime Démocratie.

La fauſſe Démocratie tombe bientôt dans l'Anarchie, c'eſt le gouvernement de la multitude ; tel eſt un peuple révolté ; alors le peuple inſolent mépriſe les loix & la raiſon ; ſon deſpotiſme tyrannique ſe remarque par la violence de ſes mouvemens & par l'incertitude de ſes délibérations.

Dans la véritable Démocratie on agit par députés, & ces députés ſont autoriſés par l'élection, la miſſion des élus du peuple ; & l'autorité qui les appuye, conſtitue la puiſſance publique : leur devoir eſt de ſtipuler pour l'intérêt du plus grand nombre des citoyens, pour leur éviter les plus grands maux & leur procurer les plus grands biens.

Tel eſt, ou doit être le gouvernement des Pays-Bas.

Il y a donc trois ſortes de gouvernemens ſimples, le monarchique, l'ariſtocratique, & le démocratique.

La Royauté monarchique eſt entre tous les gouvernemens le plus eſtimé par les auteurs politiques.

L'expédition & la juſtice y opérent de grandes choſes en peu de tems, il lui arrive de dégénérer ſouvent ſous les hommes puſillanimes ; mais elle ſe releve promptement ſous les grands Rois. Par ſes qualités elle ſe tourne aiſément en pure Monarchie. Les passions humaines la conduisent au desputisme & même à la tirannie : l'usurpation détruit le pouvoir légitime & fait taire l'ordre ancien des loix constitutives & fondamentales.

L'Anarchie dégénére en Oligarchie, ou fausse Aristocratie soit par un petit nombre de tirans qui se sont élus d'eux-mêmes, soit par la multitude des Nobles qui gouverne, comme seroit un peuple révolté,

La Démocratie est encore plus sujette à ce dernier vice, elle conduit à l'Anarchie & à la violence effrenée ; dans la situation la plus parfaite, elle est toujours sujette à un grand défaut, qui est la lenteur des délibérations, car les députés craignent le désaveu ; les intérêts subdivisés à l'infini & les suffrages trop combatus les uns par les autres, tout cela rend un tel gouvernement incapable de ces parties d'exécution brusque & de prévoyance qui sauvent un état du péril : d'ailleurs le secret y est mal gardé, les hommes de mérite y ont à craindre la basse envie & l'ingratitude : les passions n'y inflent pas moins que dans les cours ; ces passions ont leurs influences sur les plus grandes opérations politiques; elles y ſont plus déraiſonnables étant plus groſſieres.

Les Romains ont éprouvé chez eux toutes les eſpeces de gouvernemens que nous venons de définir.

Aujourd'hui en Europe preſque tous les gouvernemens ſont mixtes; c'eſt-à-dire plus ou moins mêlangés de Monarchie, d'Ariſtocratie & de Démocratie.

La France a été de tout tems une Royauté monarchique plus ou moins mêlée d'Ariſtocratie ſelon les tems; jadis par un pouvoir foncier & inhérent au corps de la Nobleſſe, & depuis ce tems, plus précaire & ſeulement pour le conſeil.

Le corps Germanique eſt monarchique ariſtocratique; mais la derniere qualité l'emporte.

Dans les états particuliers d'Allemagne la Démocratie eſt jointe à la Monarchie ſous un Souverain abſolu; l'intérieur du pays eſt gouverné par des états où le peuple a un grand ſuffrage.

La Suède eſt devenue république mixte, préſidée par un Roi qui eſt préſentement électif: le corps même des payſans ne laiſſe pas d'avoir de l'autorité dans les états du

Royaume. J'ai déja parlé (& j'en traiterai encore plus amplement,) de l'Angleterre, de la Hollande, de Venise & de la Pologne.

L'Espagne & le Portugal sont des Monarchies despotiques semblables à la nôtre, où l'Aristocratie n'est admise que par le conseil.

Le Turc est monarque tirannique, ce qui emporte le despotique. Il en est de même des souverainetés barbares, Mahométanes, ou Idolâtres hors de l'Europe : on trouve cependant à la Porte quelque trace d'aristocratie dans l'autorité du Divan & des grands Officiers de la cour & de l'armée; mais leur extrême amobilité affoiblit ce pouvoir.

La Suisse est une pure démocratie, quoique la Noblesse y ait quelque distinction, mais qui ne l'autorise pas dans le gouvernement : en cette qualité les Baillifs & autres élus du peuple sont à vie dans les principaux emplois des Cantons.

CHAPITRE II.

Principes.

A QUOI ſert une vaine ſpéculation politique qui ne conduit point à perfectionner le gouvernement, a rendre les hommes plus heureux & l'état plus fort; mais ſurtout à faire la félicité du peuple?

Les ſavantes recherches ſur le droit public ne ſont ſouvent que l'hiſtoire des anciens abus, & on s'en entête mal-à-propos quand on s'eſt donné la peine de les étudier.

Quantité de mémoires qu'on préſente chaque jour pour propoſer des établiſſemens, excellent ordinairement dans leurs premieres parties, où on démontre les maux de l'état; mais quant aux remèdes, les auteurs retombent dans le puéril, ou dans l'extravagant.

On ne peut rémédier ſubitement à d'anciens abus, il faut toujours plus de tems pour les diſſiper qu'il ne s'en eſt mis à les introduire; l'abſurde & l'impraticable de ces expédients ont donc jetté un grand ridicule ſur tous les Novateurs politiques.

Cependant je demande qu'eſt-ce que doit être le Miniſtere d'un Etat bien gouverné, ſinon une innovation perpétuelle? autrement il ne faudroit que des automates: un reſſort, pour ainſi dire, qui remue ſans intélligence par une force naturelle, continueroit l'Etat des choſes.

Mais le changement dans les mœurs, les paſſions des juſticiables & la négligence des juſticiers, demandent une critique continuelle & une réviſion aſſidue des Loix, afin de les étendre, ou de les reſtraindre ſelon les beſoins des hommes.

Tout eſt révolution dans ce monde: les Etats ont leur tems de progrès & de décadence: le courage des hommes a les ſiens. Qui auroit dit autrefois que les Romains deviendroient ce que ſont les Italiens? qui peut prédire où vont les Moſcovites? dans un ſiecle il faut réprimer la fureur des combats, dans un autre il faut réveiller l'honneur qui s'endort au ſein de la moleſſe.

Pour une Nation, qui pour ainſi dire défriche, tels que ſont les Ruſſiens, il faut des Loix qui excitent aux arts. Pour un Peuple auſſi policé que les François, il faudroit ramener à l'agriculture qu'on abandonne: le ſavoir même a ſes bornes pour le bien d'une Nation.

Rome ignorante eſt devenue la Capitale de l'Univers, elle a donné des exemples héroïques de vertu.

Rome ſavante a été la proye des Barbares, & l'aſſemblage de tous les vices.

Depuis que les Francs ont paſſé le Rhin pour s'établir dans les Gaules, ils n'ont jamais manqué de Légiſlateurs; le Droit Romain étoit un magaſin abondant de Loix pour la Société; mais il a toujours manqué aux François ce qu'on appelle eſprit ferme & conſtant; & ce n'eſt point par défaut de génie, mais faute de conſtance qu'ils n'ont jamais travaillé qu'en petit dans les Loix qui leur ſont particulieres.

De plus, le Clergé s'eſt emparé de la pluspart des charges de Magiſtrature. La Légiſlation & la manutention de l'ordre étant paſſées entiérement aux gens de Robe, tout eſt devenu forme en ce Royaume; & autant de nouvelles Loix contre l'abus, autant de ſources fécondes de ſubtilités nouvelles & abuſives.

Les dernieres ordonnances, par exemple, données par le feu Roi, pour l'abréviation des procédures, les ont multipliées réellement: elles ont occasionné de nouveaux fraix aux plaideurs, & les délais pour juger la forme, sont un préalable qui retarde plus que jamais les jugemens difinitifs des procès au fonds. Toutes les autres parties du Gouvernement ne sont pareillement qu'un cahos de regles, de gênes & de contradictions. La finance, le commerce, & même le militaire sont enveloppés dans ce dêdale d'étude & de pratique.

Voilà un hydre dans notre Gouvernement, & s'il est vrai qu'il y ait des abus, si quelqu'un s'en plaint, si quelque chose est repréhensible, qu'on se persuade que tout Gouvernement est beaucoup plus difficile à réformer qu'à former: car il faut aller aux sources & aux principes de la composition, il faut connoître le Droit de convenance, qui est la voix de la raison, & la source du bonheur public: il faut savoir le préférer aux Droits des tîtres, & même à celui de la possession, & dans un si grand édifice personne n'ose poser la premiere pierre.

Il a été facile à tant de petits esprits qui ont mis la main à notre Gouvernement, d'introduire des regles compliquées; mais où eſt le génie qui ramenera les choſes du composé au ſimples?

Tel eſt cependant le véritable objet de la ſcience qu'on appelle Politique, perfectionner le dedans d'un Etat de tous les degrès de perfection dont il eſt ſuſceptible.

Les flateurs perſuadent aux Princes que le dedans ne doit ſervir qu'aux affaires du dehors; le devoir leur dit le contraire; & la gloire dont il eſt tant queſtion pour immortaliſer les Regnes, que conſeillera-t-elle, même aux Princes conquérans & ambitieux, quand leurs intérêts ſeront bien entendus, ſinon que les forces d'un Etat tombent par négligence, & s'augmentent par la bonne adminiſtration du dedans?

Lieux communs, ſi l'on veut, que la redite de ces maximes; mais elles ont été ſi peu appliquées juſques ici, qu'elles ont plus que jamais le droit d'être méditées.

S'eſt-on encore laſſé dans le monde d'eſtimer comme les plus grandes époques d'un Regne, l'acquiſition ou la conquête d'une Province? & a-t-on toujours exactement calculé, combien il en coûtoit à l'abondance des anciennes Provinces pour en acquérir une nouvelles?

Un nouveau Trône mis dans une maison Royale a coûté à la France la moitié de ses forces intérieures.

Des bâtimens immenses chargent l'Etat de dettes, une branche de commerce acquise à prix d'argent, ne répend qu'une fausse utilité pour un Royaume en général, & enrichit encore quelques villes ou les particuliers qui sont déjà dans l'abondance.

Voilà pourtant les grands objets qu'on attribue ordinairement à la Politique; voilà l'éclat des Regnes & le sujet des monuments historiques; fâcheux préjugés! reste de barbarie! vestiges de l'ancien cahos!

Les autres sciences sont approfondies; la Politique est dans son enfance, on ne veut ni réfléchir, ni calculer; & si on raisonne avec liberté, on trouvera qu'en tout cela nous ressemblons à ce cerf de la Fable qui se glorifioit de son bois embarrassant & qui méprisoit ses jambes agiles.

Nous avons des mines abondantes dans l'agriculture, une industrie, une situation & des forces suffisantes que nous négligeons, nous nous livrons à une fausse idée de grandeur & d'acquisition qui nous affoiblit.

Au-

Au-lieu de cette dissipation extérieure, nous augmenterions nos forces en les concentrant davantage: quelques attentions sur les affaires de la campagne, sur le commerce intérieur, préférable infiniment à celui du dehors, sur la mesure de liberté & de gêne qu'il faut laisser aux travaux des citoyens, sur l'égalité des biens, sur les habitations & la peuplade; sur les ressorts de l'intérêt qui fait agir, ou qui fait négliger; voilà des objets pour le Gouvernement Politique qui produiroient la véritable gloire, même au dehors, & non une gloire vaine & stérile qu'on a coutume de rechercher.

On n'a peut-être jamais pensé à cette mesure de liberté dont je viens de parler; c'est celle que les Loix doivent laisser à ceux qui leur sont soumis, pour qu'ils conservent tout l'effort naturel qui conduit aux grandes choses, mais qui réprime là où il faut, la licence qui trouble l'ordre général; souvent tout est gêne ou tout est désordre.

Cette observation ne tombe pas seulement sur le simple particulier sujet à la Loi; elle s'applique encore davantage à ceux qui la font observer, & à la Loi même.

Les Souverains doivent sur cela tirer leur premiere regle de Dieu même, qu'ils doivent imiter en gouvernant.

Dieu gouverne, Dieu concourt; mais il laisse agir librement les causes secondes: un Roi doit régler par lui-même les principales affaires de son Etat, & le reste par ses Officiers, les premieres par une action immédiate, les secondes par un pouvoir émané & délégué.

En plusieurs choses il soutient, il protége, en d'autres il encourage par divers moyens, souvent il ne se réserve qu'une secrette inspection & voit opérer plutôt qu'il n'opere.

Tout l'art du Gouvernement ne consista jamais qu'en cette parfaite imitation de Dieu. Les Politiques ont épuisé leurs réflexions à donner, ou à retrancher du pouvoir de celui qui gouverne en faveur de ceux qui sont gouvernés.

La puissance tribunitienne chez les Romains, le droit des Communes & des Parlemens chez les Anglois, de celui des Etats Natiaunaux, Provinciaux, ou de remontrances chez nous, tous ces remedes ne sont que des maux; ils partagent la puissance publique, tandis qu'elle doit être une & décidée. Celle de Dieu eſt la plus ſouveraine qu'on puiſſe imaginer, elle eſt infinie, mais elle nous laiſſe notre pleine liberté pour les choſes qui nous regardent, même en ce qui peut nous manquer nous croyons l'avoir; par-là l'eſclave ſe croit maître & agit comme tel; nos actions & nos mérites ſont à nous.

Dieu arrête l'uſage de notre liberté quand nous en méſuſons, ſur-tout à l'égard des autres, & il nous examine avec une juſtice infatigable.

Voilà l'exemple tracé pour la conduite des Souverains & de cette puiſſance publique en ce monde: je ne ferai que répéter le portrait d'un modele infini en l'appliquant à ſon parallele mortel & fini.

Les Officiers Royaux ſont ceux qui n'agiſſent dans leurs fonctions qu'au nom du Roi & qui le répréſentent en cela.

Toute adminiſtration dans le détail du Gouvernement pour avoir le meilleur ſuccès, doit être conduite par le Roi, ou au nom du Roi par les Officiers qui le répréſentent. C'eſt un des principaux objets de cette Diſſertation.

Eſt-il poſſible que l'inſpection Royale nuiſe quelquefois; l'action du ſujet étant plus libre, n'en ſeroit-elle pas meilleure?

On doit admettre que cette inſpection eſt nuiſible quand elle eſt pouſſée juſqu'à une certaine gêne ſuperflue. Tout doit avoir ſon ordre & ſes Loix, tout doit avoir l'action & le reſſort qui lui rendent ces regles ſalutaires: ce n'eſt pas inutilement que le Légiſlateur Souverain nous a voulu laiſſer l'uſage de notre liberté comme une eſſence de notre être. Et c'eſt peut-être en l'eſſence, ou' l'étude de ce juſte mélange d'attention & d'abandon que conſiſte tout l'art du Gouvernement; il en eſt de même que de l'éducation des enfans: ſi vous pouſſez trop loin l'attention du détail, bientôt l'art étouffe la nature, celle-ci ne ſe connoît pas elle-même & ne fait rien produire; au contraire ſi vous négligez trop un éleve, les vices de l'humanité prennent le deſſus.

Cet art ſi difficile composé de modération & de ſévérité ne regarde pas ſeulement la conduite de chaque particulier; il a pour objet le corps des citoyens, les villes & les provinces enteires.

Chaque intérêt a des principes différens; l'accord de deux intérêts particuliers se forme par une raison opposée à celui d'un tiers. C'est ce qui rend les Loix générales si difficiles à bien composer.

Et pour éviter qu'elles ne soient nuisibles, elles ne peuvent être trop simples. Au défaut des Loix générales, l'arbitrage du Juge fait la Loi; il faut donc admettre un détail infini & nécessaire à tout Législateur & à tout Juge, si vous ne voulez pas qu'ils soient vicieux ou tirans par ignorance, ou par partialité.

Il y a des intérêts de communauté à communauté comme d'homme à homme, il y en a entre les provinces & les villes, ainsi qu'entre les nations: le même Principe s'applique à ces diversités. Le Souverain doit connoître là où il faut gêner ses intérêts pour les empêcher de se choquer, & là où il faut les laisser agir avec tout l'effort & toute liberté pour le bien des intérêts généraux.

Et pour lui permettre cet effort nécessaire, il faut que ces corps de citoyens puissent s'assembler, se concilier & agir, avec une certaine indépendance. Voilà ce qui a produit originairement dans les Etats ce qu'on appelle le Droit de Commune, les Officiers municipaux, ou populaires, véritable Démocratie qui réside au milieu de la Monarchie.

Le Peuple est naturellement porté à la licence, & en cela il est ennemi des Rois; cependant a-t-il détruit ou affoibli la Monarchie, depuis qu'on lui a permis d'avoir ses Officiers, comme le Prince a les siens?

Voici le plus grand défaut du Gouvernement monarchique & absolu; il veut se mêler de tout, il veut tout gouverner par ses agents directs & royaux; dans le Prince & dans son Conseil, c'est bonne intention, c'est pour tout régler aux mieux, pour remédier à quelques abus; mais dans un Conseiller particulier, c'est mauvaise intention, ou si elle a été moins mauvaise d'abord, elle se corrompt bientôt; c'est pour s'arroger plus de pouvoir & de profit, & bientôt il arrive que les abus augmentent au-lieu de diminuer, & qu'ils sont d'une espece bien plus pernicieuse que ceux où peut tomber la multitude, & le travail de gens respectivement intéressés à la chose, comme à une branche du commerce, ou à un point de police, cet objet perd son activité, on néglige, on abuſe, l'intérêt particulier ſeconde tout, il étouffe toute idée du bien public & tout dépérit par-là; tel ſera le ſujet de ce Traité.

Avec quel tempérament, avec quel art pourroit-on permettre une eſpece d'indépendance, au milieu de la dépendance? juſqu'où l'une & l'autre peuvent-elles être pouſſées ſans ſe nuire eſſentiellement?

Il faut d'abord conſidérer ce grand principe, c'eſt dans l'union des parties que conſiſte la force d'un tout, en conſéquence de cela, lorſqu'on craint la ſédition dans une ville, on empêche les citoyens de s'aſſembler plus de trois ou quatre dans les places publiques.

Il s'enſuit du même principe que l'aſſemblée des Etats généraux eſt dangereuſe à la Monarchie (quoiqu'en diſe Mr. De Baulainviliers à l'honneur de Charlemagne & de notre Nation). Les Etats d'une grande Province ſont moins dangereux; mais ils le ſont. L'aſſemblée du corps de ville le plus conſidérable & le plus indépendant ne deviendra jamais capable de rien entreprendre contre le Souverain d'un Etat.

Si l'union fait la force; la déſunion fait la foibleſſe; ainſi on peut diviſer les parties d'un Etat & ſubdiviſer les ſpheres d'autorité juſqu'au point où elles ſe ſuffiſent à elles-mêmes pour ſe bien gouverner ; mais où elles ne puiſſent ombrager en rien l'autorité générale d'où elles relévent.

Ce ſeroit donc un bon plan de Gouvernement que celui où l'on morcelleroit plus ou moins les corps nationnaux & municipaux, trouvant l'art d'en écarter le danger & de leur imprimer une indépendance qui fit leur force.

L'indépendance apparente du moins agit avec liberté & avec cet eſprit de maître qui s'applique tous les travaux & ſes profits ſans détour & ſans trouble ; tandis que la ſervitude n'acquérant que pour autrui, n'eſt bientôt plus que pareſſe, ſtupidité & miſere.

Plus le Peuple ſent dans les réglements un intérêt direct & prochain, moins il s'en écarte & plus il devient lui-même le ſolliciteur de la Loi ; & peut-il y avoir d'autres Loix ſur les hommes que celles qui ſe maintiennent par l'agrément & l'utilité du plus grand nombre?

L'autorité Royale juge du beſoin de la Loi & la maintient, l'intérêt du public y veille & l'éxécute avec intelligence.

Delà deux pouvoirs ſubordonnés & néceſſaires à ſoutenir dans leur rolles différens : l'un par les Officiers Royaux, l'autre par les Officiers du Peuple.

A-t-on eu juſques ici des idées bien nettes dans notre Gouvernement de ces deux fonctions? les Officiers Royaux ne ſe trouvent-ils pas aujourd'hui chargés ſeuls de la Police générale & particuliere, de l'entretien de tous les ouvrages publics, de l'éxécution des Loix, de ſtipuler eux ſeuls les intérêts du Public, qu'ils ne peuvent, ni ne veulent connoître, & de pourvoir à toutes les choſes, où les répréſentans du Peuple & les plus ſimples particuliers euſſent bien mieux trvaillé pour le commun que tous ces Agents royaux qui ne participent à la Royauté que par ſes défauts?

Un grand bâtiment ſe conduit par un Architecte & quelques Piqueurs ſous lui; mais tout n'y eſt pas en ordonnateurs, il y faut des bras, & ces bras ſont les ouvriers qui travaillent pour leur compte & à leur tâche : à toute œuvre compliquée, il y faut la tête pour conduire & les bras pour exécuter. L'exécution doit jouir d'une certaine liberté qui lui laiſſe l'intelligence, & un intérêt d'honneur & de profit qui lui donne l'émulation: dans cette comparaifon, nous trouverons l'image des pouvoirs fubordonnés dont je traite, comme les Romains la trouverent dans la fable des membres & de l'eftomac.

Nous voyons encore que la nature fe répare d'elle-même en tout individu: un Médecin entreprend-il lui-même d'opérer chaque fonction de fon malade? le plus habile laiffe beaucoup à la nature.

Si l'intérêt du Public eft écouté, fi on le laiffe agir fans confufion, il produit un mouvement de continuité & de renouvellement qui va en l'augmentant & qui fe perfectionne au-lieu de fe relâcher, ni de ceffer: c'eft-là précifément ce qui fait fleurir l'intérieur des Républiques: voilà la fource des Loix efficaces, & l'exclufion des fauffes fubtilités de leur exécution.

Au contraire dans un Etat qui n'eft occupé que des intérêts du defpotifme, tout eft violence, ou négligence: les refforts ne marchent que par fecouffe; les impulfions au bien ne font que momentanées; quelque éclat au dehors, tout eft langueur au dedans.

Les Loix conſtitutives de l'Etat, les mouvements du corps de la Nation, la déciſion ſur les principales difficultés reſpectives, ſont le partage des Officiers Royaux.

Mais à l'égard des réglemens qui concernent le bas Peuple, les intérêts non oppoſés entre eux, tous les ſoins qui ne peuvent ſe réduire à des principes généraux, ou à une exécution uniforme, qui peut mieux s'en acquiter que des Officiers populaires?

J'avois a établir ces principes préliminaires avant que d'en expoſer l'application par des exemples, & de propoſer des conſeils.

CHAPITRE III.

Des effets de l'Ariſtocratie & de la Démocratie chez les nations étrangeres.

ARTICLE I.

Diviſion.

ON ne parlera point ici des François dont il ſera aſſez parlé dans la ſuite de cet ouvrage; dans ce qui précéde il a déja été parlé de quelques gouvernemens étrangers.

Il y a en Europe deux nations dont le gouvernement eſt mêlé de monarchie, d'Ariſtocratie, & de Démocratie, l'Angleterre & la Suéde.

Quatre ariſtocratiques, Veniſe, Gênes, Pologne & le corps Germanique. Deux démocratiques, Hollande & Suiſſe : le reſte eſt monarchique, France, Dannemarck, Eſpagne, Portugal, Sardaigne, le Pape, Naples & Sicile, Modene, les Souverainetés particulieres de l'Allemagne, les pays héréditaires de la maiſon d'Autriche.

ARTICLE II.

De l'Angleterre.

L'ANGLETERRE eſt le plus ſingulier gouvernement qu'il y ait en Europe : il ſe perſuade ſans doute être autre choſe qu'il n'eſt en effet : il a été deſpotique comme l'ont été les Monarchies au ſortir de leur barbarie, puiſque les Seigneurs, ou Barons ſe ſont élevés à côté de la Monarchie, & enfin depuis peu de tems le peuple a gagné ſur le

Monarque & ſur les Seigneurs ; de ces trois pouvoirs qui ſubſiſtent enſemble, chacun vante ſes droits ; mais les meſure mal : ils dépendent du tems, des affaires & des Rois qui gouvernent.

Les Anglois penſent avoir pris dans le gouvernement des Romains tout ce qu'il y avoit de meilleur & s'être corrigé de ſes défauts ; mais ils n'ont que la richeſſe de Cartage ; ſes richeſſes ſont déja l'envie des nations.

Un peuple de marchands ne s'adonna jamais à la guerre ; les troupes mercénaires & étrangeres ſervent mal les deſſeins de l'Etat, elles ne tiennent pas contre celles qui font la guerre pour le compte de leur propre Nation.

On ignoroit chez les anciens le fléau qui accable aujourd'hui les grands états, appellé dettes nationales ; la guerre ſe faiſoit alors en nature, pour ainſi dire ; tout ſe fait aujourd'hui en argent. C'eſt une commodité qui engage bientôt à excéder ſes forces : le tems préſent prend ſur l'avenir, la crainte de perdre tout crédit contumace les ſouverains comme les ſentences contraignent les particuliers à garder leurs engagemens : ces dettes publiques étant une fois accumulées, elles deviennent un obstacle à toutes grandes entreprises politiques. Si l'état est pauvre & les particuliers riches, ceux-ci se détachent encore davantage de l'intérêt commun, & il est plus difficile d'en tirer des secours qui ne s'accordent que par zele ou par soumission.

Ce zele qui réveilleroit les citoyens en Angleterre ne peut rouler que sur deux choses, ou sur la Religion dont ils sont fous sans en avoir, ou sur les intérêts du commerce; tout s'occupe de l'argent, tout va à l'argent chez eux, & tout cela ressemble mal aux Romains.

La plupart des Monarchies d'Europe sont aujourd'hui gouvernées despotiquement par ce qu'on appelle le Ministere, invention qui étoit encore inconnue aux anciens, & qui change encore fort les choses en considération de matiere politique. On connoissoit bien autrefois la tirannie d'un Empereur, l'autorité du Sénat, le pouvoir d'un Général victorieux, le regne passager, toujours funeste d'un favori; mais nos Ministeres modernes ne sont point cela, ils tiennent à la Monarchie qu'ils servent & à l'Aristocratie dont ils sont.

Un Ministre stipule pour le Roi, mais il travaille & craint pour lui-même; tout ce qu'il peut faire pour lui est au fond de peu de conséquence par rapport à l'Etat; mais les craintes qu'il a pour lui portent une grande différence entre les conseils qu'il donne & les partis que prendroit un Roi par lui-même; il faudroit des fautes & des accidens extrêmes pour détrôner un Roi, il ne faut qu'une tracasserie pour déposer un Ministre.

Il évite donc prudemment les entreprises qui menent trop loin, il ménage les puissances qui pourroient lui nuire, & il ne trouve de retour pour lui dans les bienfaits en faveur du peuple, qu'une fumée qui s'évapore; mais pour sa sévérité contre les grands, il voit s'élever des orages qui retomberoient tôt ou tard sur lui ou sur les siens, & il se joint encore à ces motifs l'intérêt de corps; car un Ministre est ou croit être d'abord du corps des grands de la nation.

En Angleterre les dettes nationales effrayent justement le Ministere & le détournent de toute guerre; à l'instant qu'elle seroit déclarée, le commerce souffriroit, chaque particulier lézé se souleveroit contre le Ministre, & l'événement ne pourroit que lui être fatal.

L'habitude d'aimer l'argent corrompt également les mœurs & la politique d'Angleterre; la corruption des suffrages dans le Parlement y est devenu un moyen aisé d'introduire le despotisme : depuis qu'on a joint la prudence à l'avidité, ce n'est qu'un champ où l'on seme pour recueillir; des dons de la nation le Roi d'Angleterre se fait des moyens pour s'en procurer encore davantage, & la possession du pouvoir arbitraire acquise par adresse, accoutumera enfin à lui déférer par droit.

Voilà pourtant quel est le chef-d'œuvre de l'esprit humain dans le juste mélange de trois especes de gouvernemens : ces trois rivales ne cessent jamais de se combatre jusqu'à l'entier anéantissement de deux; elles peuvent bien être admises pour être consultées, ou pour rester en subordination l'une de l'autre, mais tant qu'elles se trouveront en concurrence de droit & de force, elles se choquent & se détruisent à la fin.

ARTI-

ARTICLE III.

La Suéde.

LA Suéde a éprouvé toutes ſortes de révolutions dans ſon gouvernement. A peine leurs Rois venoient-ils d'obtenir le pouvoir arbitraire, que Charles XII. en a dégoûté les peuples, & ſi-tôt après ſa mort, on a puni les Miniſtres de ſon pouvoir; on a rendu la couronne élective, & on a ſoumis l'autorité Royale à celui des états généraux du Royaume.

Les circonſtances préſentes, une nouvelle maiſon établie ſur le Trône, tout concourt à déférer ſans trouble aux volontés du peuple aſſemblé par députés; mais qu'on ne s'attende pas que cela doive durer toujours: je viens d'en établir les principes en ſuivant l'article de l'Angleterre.

L'avarice n'eſt point le défaut des Suédois comme des Anglois: la ſoif de l'or eſt comparée à celle qu'ont les hydropiques, plus on a, plus on ſouhaitte, par la raiſon des contraires, moins on a, moins on deſire. L'or manque en Suéde, les particuliers le recherchent peu ; mais on y reçoit volontiers nos ſubſides, qui donnent de grandes forces à l'état en général. On y veut du travail, de la gloire & quelque aiſance, la nature y fournit à peine le néceſſaire.

La nature marâtre en ces affreux climats
Ne produit au-lieu d'or que du fer & des ſoldats ;
Tout ſon front hériſſé, n'offre au deſir de l'homme
Rien qui puiſſe tenter l'avarice de Rome.

Voilà cependant quels ont toujours été ces pays du Nord qui ont autrefois inondé le monde de leurs habitans. Alors la nature ſuffiſoit à l'homme, la religion n'avoit pas encore mis en regle le mariage ; les accouplemens indifférens y donnoient plus d'habitans que la terre n'en pouvoit porter ; tout eſt bien changé certainement ; mais il reſte toujours cette qualité au pays, qu'à choſes égales, il ſe peuple plutôt que les autres quand la guerre a ceſſé de le dépeupler.

Ainſi la Suéde s'eſt raccommodée ſenſiblement depuis qu'elle jouït de la paix, c'eſt-à-dire depuis la mort de Charles XII. un des plus grands avantages dont le Ciel puiſſe douer une nation, eſt que le repos y rétabliſſe des forces, ſans y énerver le courage.

En Suéde l'efprit national eft l'honneur; le luxe ni la douceur de l'air n'y peuvent amolir les habitans.

Nous remarquons en général que toutes ces Souverainetés du Nord & celles d'Allemagne fe gouvernent entiérement par des affemblées d'Etat : ainfi les affaires du public y admettent moins d'Officiers Royaux qu'en France & en Efpagne : auffi la politique générale & particuliere y eft-elle tout autrement exercée, les intérêts publics mieux connus & moins négligés, la campagne & les petites villes plus habitées & plus floriffantes.

La vénalité des offices n'y a pas été introduite, ici elle a tout inondé d'offices Burfaux qui ont ôté toute fonction au véritable protecteur de l'intérêt public, elle eft même devenue un moyen ordinaire de lever de l'argent & rien n'a échappé à cette vûe.

La Suéde fe tourne de plus en plus en république fous le préfent régne par la fréquence & l'autorité de l'affemblée des états généraux. La Royauté par-là fe réduit à une fimple préfidence, comme font les Doges de Venife & de Gênes & comme feroit le

Roi de Pologne, s'il n'avoit pas aujourd'hui des états héréditaires hors du Royaume.

Quand de pareilles républiques voudront conſerver leurs prérogatives, qu'elles ne ſe préſervent que d'une ſeule choſe, qui eſt d'élire des chefs, ayant pour eux des appuis étrangers, comme ſont les Princes des grandes nations de l'Europe, & ſur-tout qui poſſédent ailleurs des Souverainetés conſidérables. Plus ces appuis ſeront importans, plus le droit d'élection ſera en danger & la liberté de leurs peuples ſera près de ſa fin.

Un Roi de Pologne Electeur de Saxe, un Roi d'Angleterre riche & puiſſant en Allemagne, & même un Prince d'Orange trop grand Seigneurs dans les Provinces-Unies & trop bien allié, tout cela menace bientôt l'équilibre des ſuffrages & la liberté républicaine qui ne les a élevés qu'à ſa propre deſtruction.

Quand les Etats généraux d'une nation ſont composés de trois ordres, Clergé, Nobleſſe & tiers Etats, ou payſans, comme en Suéde, leurs délibérations concourrent également aux déciſions, cela peut s'appeller un Etat démocratique, car l'ariſtocratique conſiſte dans le privilége excluſif attribué à la

Nobleſſe de gouverner les roturiers, autrement la Nobleſſe n'y fait que partie du peuple & ce gouvernement s'appelle mixte.

ARTICLE IV.

Veniſe.

PAR la précédente régle, Veniſe eſt purement Ariſtocratique, les Nobles y regnent, mais non avec confuſion, au contraire avec un ordre & des regles durables, qui ont fait l'admiration des politiques.

Cet ordre ariſtocratique n'accorde pas ſeulement les Nobles entre eux; il garantit encore les roturiers des vexations de la Nobleſſe: en Pologne le payſan n'eſt garanti que par le ménagement que chacun a pour ſon bien, l'habitant y eſt ſerf, ou eſclave.

La jalouſie des Nobles moins riches contre les plus riches y produit tout l'ordre, les loix & la morale y préſervent de la vexation.

A Veniſe l'habitant y eſt conſidéré comme appartenant à la république & non à la Nobleſſe, & y eſt ménagé en cette qualité.

Il n'y résulte donc de cette supériorité de Noblesse sur les autres citoyens aucun appauvrissement dans le plat-pays ; au contraire les peuples sont fort ménagés en terre-ferme par prudence, on est doux faute de citadelles & d'armée. La république cherche à retenir les peuples par amour, & elle ne se souvient que ses Provinces sont pays de conquête, que pour les ménager davantage. Quand on la dépouilla si rapidement par la guerre de Cambrai, les provinces qui lui étoient enlevée regretoient bientôt le joug de St. Marc & y rentroient avec joye.

De cette observation il résulte une chose remarquable pour la matiere que nous traitons, c'est que le gouvernement est tout-à fait aristocratique à Venise, mais démocratique en terre-ferme : les Nobles de terre-ferme sont humiliés & mécontens, mais le peuple y est tranquille & heureux, exemple à citer devant une Monarchie qui peut bien plus aisément l'adopter que l'Aristocratie n'a pû la produire.

Les Républiques sont destinées à concentrer leurs forces & à demeurer contentes de ce qu'elles ont : malheur à elles quand elles veulent trancher de la Royauté ; ou il leur arrive alors de tomber ſous les tirans, comme à la République Romaine, ou de ſe ruïner par des guerres d'humeur & par des efſets malheureux, comme Carthage & ſucceſſivement Athênes, Sparte & Thebes, lorſque ces illuſtres Républiques prétendoient dominer ſur le reſte de la Grèce & s'étendre en Italie & en Sicile.

Veniſe a éprouvé les abus d'une politique trop rafinée & trop ambitieuſe; elle eſt livrée à des reſſentimens & à des haines, ne prétendant qu'éloigner les offenſes & ſe faire reſpecter; elle avoit trop étendu ſes conquêtes, ſous prétexte d'étendre ſon commerce & celui de ſes citoyens, elle avoit inſpiré une envie univerſelle par un commerce forcé, enfin elle mortifioit ſes voiſins par ſes vûes inquietes pour l'équilibre univerſel. Une ſage République n'appuye que de loin les affaires générales de l'Europe.

ARTICLE V.

Gênes.

GENES copie Venise, comme nous venons de dire que Venise avoit contrefait les Rois : mais il s'en faut bien que les principes en soient aussi bons. La preuve en est dans toutes les révolutions que nous expose son histoire ; révolutions venues des défauts internes, de l'envie des citoyens, des tirannies arrivées par intrigues, des partis acharnés à se perdre, comme ceux des Adornes & des Frégoses, appellant alternativement les grandes puissances du déhors pour subjuguer la République, & enfin la concurrence des deux ordres dans la Noblesse, qui jettent les délibérations dans l'inaction & l'Etat dans le découragement.

Le commerce Génois sent trop le Juiverie, leurs richesses sont odieuses, & de tout tems la réputation des Génois a été leur plus cruelle ennemie.

Toutes ces petites Républiques n'ont ordinairement qu'un moment de chaleur pour le bien commun ; c'est dans les premiers momens d'une liberté recouvrée, ou lorſqu'on ſe croit en danger de la perdre entiérement, alors tout eſt héroïſme & merveille; mais bientôt dans le calme tout devient indolence, l'intérêt particulier occupant ſeul, attaque le général. L'inégalité des fortunes trouble l'ordre; les places & les honneurs ne ſervent plus qu'à nourrir l'ambition des particuliers.

ARTICLE VI.

La Pologne.

LA Pologne que j'ai déja citée, préſente à la fois tous les inconvéniens de l'Ariſtocratie & de la multitude, quoique le gouvernement ait ſes régles bonnes en apparence, & que la Nobleſſe s'eſt dictée elle-même.

La folie de chaque nation eſt de vanter ſes propres loix & la ſottiſe des étrangers de les admirer; quand ils ont bien pris la peine de les étudier, il faut bien ſe récompenſer par quelque choſe d'une peine inutile: on en fait accroire aux autres & on s'entête ſoi-même de ce qu'on ſait & que le reſte ignore.

Le gouvernement de la Pologne se glorifie d'avoir établi la Royauté dans le plus juste degré où elle doive être, ne pouvant du tout faire que des graces & jamais de mal, les Rois y donnent des charges qu'ils ne peuvent ôter : ils accordent rémission des peines, & n'ont pas ce qu'on appelle droit de vie & de mort. Il faut donc savoir si on peut conduire les hommes par les seules récompenses & sans la crainte des peines : on est flatté par l'espérance & on manque faute de crainte. Le Roi de Pologne homologue les délibérations de la République, & ne peut les exciter ni les finir.

Nulle liaison entre les différens partis de l'Etat, nulle discipline, & impossibilité de l'introduire au milieu des voisins barbares.

La valeur des Polonois a pû figurer il y a cent ans, mais depuis que les autres nations ont appris tous les nouveaux arts qui rectifient leur gouvernement & tant de découvertes modernes dans le métier de la guerre, la valeur devient inutile faute de nerf & de conduite. Nulle voix n'est écoutée dans les Diètes dès que les priviléges sont opposés, le pays est pauvre en argent, chaque Noble a droit de préférer son œconomie particuliere à celle du bien général qu'il ne confidére que de fort loin. L'unanimité dans les fuffrages éft à la vérité d'une grande fûreté pour conferver leur prétieufe liberté & pour faire garder les *Pacta Conventa*; mais c'eft auffi un grand obftacle à tout bien, car il arrive fouvent qu'un fou qui protefte, l'emporte fur 40. mille fages.

De-là nulle défenfe ni fûreté pour l'Etat. La Pologne refte ouverte de tous côtés & n'eft plus qu'au premier occupant, elle n'aura bientôt plus de force que dans fa foibleffe; on envie peu une telle conquête, on la rend auffi facilement qu'on s'en eft emparé, & les Souverains voifins qui fe la difputeroient, favent qu'aucun d'eux ne fe l'anéxera à demeure.

En France nous allions vraifemblement à cette Anarchie fous nôtre ancien gouvernement Féodal, lorfque peu-à-peu nos Rois de la troifiéme race ont détruit l'Ariftocratie pied à pied. On ne peut pas dire abfolument que des principes bien médités ayent confommé cet ouvrage; un objet continuel d'inquiétude & d'heureux hazards l'ont conduit. Le pouvoir choquant de nos Ducs & Comtes Souverains, les ont d'abord féparés de l'intérêt commun de leurs peres, la jalousie des plus foibles, l'heureuse félonie de quelques-uns, des confiscations applaudies par les égaux envieux, des mariages & des donnations, telles sont les voyes par où la Monarchie dissipe les ligues, par l'effroi de la discorde & de la défiance & rarement la Souveraineté a l'union qui lui est nécessaire.

La différence entre l'Aristocratie de Pologne & celle de notre gouvernement Féodal, est que la premiere ait reçû des regles fixes & que ces regles ont établi une sorte d'égalité entre les membres, quoique sous des classes différentes, au lieu que la seconde n'ayant jamais été établie que par le hazard de différens degrés d'usurpation, elle n'a point eû de loi certaine; nos Rois se sont trop bien conduit pour le permettre: fixer des Loix à un abus, c'est l'autoriser, le rendre durable, la loi du plus fort avoit construit cette usurpation elle en devenoit odieuse & ainsi elle n'a jamais été plus proche de sa destruction que dans le tems de sa plus grande force.

ARTICLE VII.

Le corps Germanique.

C'EST une aſſociation des Princes Souverains & de Villes libres, elle doit être conſiderée en elle-même comme une Ariſtocratie bien conſtituée.

Le corps Germanique a grand nombre de ces reglemens que je viens de dire qui manquoient à notre gouvernement Féodal & qui ſont défectueux chez les Polonois. Ces loix empêchent du moins le renverſement total du corps, ſi elles ne préviennent pas ſon affoibliſſement.

On ne dira pas du corps Germanique, qu'il ſoit Acephale, ſa tête péſe autant que tout le corps, ſi même elle ne l'emporte, ſemblable au Jupiter d'Homère qui ſe vantoit de pouvoir enlever tous les Dieux de l'Olimpe à la fois avec une chaîne, & outre la ſupputation des forces de la maiſon d'Autriche, il faut accorder une grande ſupériorité de puiſſance à l'union ſous un même maître, en comparaiſon des puiſſances diſperſées qui ſe ligueroient ensemble s'il étoit question de resister à leur chef.

Mais il faut convenir qu'heureusement pour l'Europe, il y a encore bien loin des progrès que l'Empereur a fait sur les Vassaux de l'Empire, à ceux qu'il veut faire & qu'ont fait les successeurs d'Hugues-Capet. Nous ne décrirons pas tout ce qui a été employé ici d'adresse plutôt que de force.

Dès que le chef d'un tel corps a acquis une certaine mesure de puissance par lui-même, il se sert de tout pour l'accroître, & ce n'est plus que l'affaire du tems, il employe surtout pour lui les avantages d'un inconvénient sans remede & qui sans cela ne seroit rien en lui-même, c'est l'inégalité entre les membres, il engage les grands Vassaux en les flatant de plus de grandeur, & les petits par un secours qui leur devient nécessaire, & c'est cette protection qui constitue la dépendance.

ARTICLE VIII.

La Hollande.

LA Hollande comme les Sept Provinces ont deux objets dans leur Gouvernement: conſerver ſept Souverainetés particulières, indépedantes l'une & l'autre, & purement démocratiques; maintenir l'aſſociation de ces Provinces pour le bien commun & & en gouverner les intérêts politiques au dehors des Etats.

Cette aſſociation eſt également démocratique; elle eſt conduite par peu de Députés du Peuple qui n'ont qu'un caractere momentané; ils retombent dans l'état privé & dans l'égalité lorſque leur tems de magiſtrature eſt fini.

On connoît peu de Nobleſſe originaire en Hollande, le peu qui y reſte eſt ſuſpect; c'eſt-là l'eſprit du Gouvernement, quoique le tems & les abus travaillent à défigurer tous les jours les plus ſalutaires conſtitutions. Ainſi voilà un Gouvernement très-purement démocratique, & quant à ſa bonté, on peut en appeller aux effets.

Tout le terrein des Sept Provinces Unies en déduisant les eaux qui y sont enclavées, n'a pas plus d'étendue que notre Normandie; un si petit Pays a fait le commerce des quatre parties du monde, & le fait encore en grande partie: il a fourni des sommes immenses pour divers établissemens, & a subvenu à des guerres qui auroient fait succomber les plus puissantes Monarchies; mais ce qui est plus admirable, c'est la perfection intérieure du Pays en toutes les choses qu'on peut dire de la nature & de l'art. Ce bon entretien, cette propreté presque divine qui regne dans tout le public, comme dans le particulier, ce qui ajoute à la beauté, des magnificences inconnues ailleurs. Si les Souverains raisonnoient bien, il semble qu'ils ne devroient permettre les profits du dehors que quand toutes les perfections du dedans sont épuisées. Il a longtems que la Hollande en est là, & cela se continue par soi-même sans aucune altération, ni relâchement, & avec des soins & une patience nécessaires, si l'on veut, à la situation présente du Pays; mais qui passant le besoin, montre bien que cette assiduité infatigable est devenue le propre de la Nation.

Que

Que l'on voyage dans les lieux où une République avoisine un Etat monarchique, il se trouve toujours des enclaves par où ces Souverainetés sont melées ensemble; on connoîtra aisément les terres de la République, & quelles sont celles de la Monarchie, par le bon état des ouvrages publics, même des héritages particuliers; ceux-ci sont négligés, ceux-là sont peignés & florissans.

Grande étude pour tout Monarque qui voudra véritablement policer son Etat. Les ressorts qui produisent ce mouvement dans les Républiques, sont-ils absolument ennemis de la Royauté? qu'on les exclue, rien n'est plus juste; mais si en les discutant & pour ainsi dire en les anatomisant, on trouve qu'ils n'y nuisent pas, & même qu'ils y servent; on ose l'avancer ici, quelle stupidité d'en négliger l'examen & l'application.

L'intérêt du Peuple mene continuellement le Peuple, même dans la République des Provinces-Unies: on y reconnoît la puissance publique dans l'effet des Loix; chacun est parfaitement libre dans ce qui ne nuit point aux autres: de l'usage de cette liberté, & de cette multiplicité d'intérêts qui agissent sans se choquer, résultent des effets immenses de

Commerce : le Commerce paroît de loin raisonné sur des principes généraux entre tous les Commerçans de Hollande, & c'est-là une source d'erreurs pour nos Politiques; il en est de cela comme d'une fourmilliere ou d'une ruche d'abeilles, où chaque insecte agit suivant son instinct, il résulte de leurs actions un grand amas pour les besoins de la petite Société; mais cela ne s'est point opéré par des ordres, ou par des généraux qui ayent obligé chaque individu à suivre les vûes de leur Chef.

Une partie des défauts de notre Commerce porte sur ce préjugé : on prétend faire vouloir, & agir ce qui ne peut vouloir & agir que librement; on ignore que les différens intérêts du Commerce sont aussi multipliés qu'il y a de négocians dans un Etat; l'admission de l'un est l'exclusion de l'autre, ainsi cette science du Commerce n'est pas plus donnée aux Chefs du Gouvernement que la Philosophie universelle. Il y a longtems que l'on a dit qu'il ne faut au Commerce que protection & liberté, & peut-être abandonneroit-on l'un pour jouir pleinement de l'autre.

Quand nous voudrons étudier quelques

principes du Gouvernement de Hollande, nous en trouverons des traces ſans ſortir de chez nous dans la portion des Pays-bas que nous avons acquiſe & qui forme une de nos frontieres. Ces Peuples s'y gouvernent encore par des Magiſtrats municipaux, les Flamands doivent être nés avec un eſprit de juſteſſe & d'œconomie plus propre à l'adminiſtration que les autres Peuples.

Ce qu'on y a laiſſé ſubſiſter de leur méthode pour lever les impoſitions, ſert plus qu'il ne nuit à l'agriculture & au Commerce : c'eſt ce même eſprit d'œconnomie & cette liberté dans l'action du Gouvernement intérieur qui avoient rendu les derniers Ducs de Bourgogne ſi riches en argent comptant & plus puiſſants que nos Rois.

Dans ces mêmes Provinces on voit les villes les unes ſur les autres, les bourgades floriſſantes, la campagne bien cultivée; tout abondant, tout ſoigné : leurs Loix Féodales ſont obſervées, les Nobles n'y ſont pas faits pour dominer, ni l'eſprit Flamand pour s'élever au deſſus des matieres œconomiques.

Tout Gouvernement a ſes défauts ; celui de Hollande a beaucoup de bras & manque de têtes dans les occaſions, où il en faut néceſſairement, comme ſont les guerres défenſives & tous les tems difficiles.

* Dans les Conjonctures preſſantes les Romains ſortoient de leur jalouſie de liberté & créoient un Dictateur: à la fin les Généraux illuſtres enchaînoient la République. La Hollande ſent toute l'étendue de cet inconvénient, elle l'éprouve depuis ſa naiſſance dans les ſervices & dans les dangers qui lui ſont venus de la maiſon de Naſſau. Au reſte il n'y a plus que la reconnoiſſance & les grands domaines poſſédés dans la République qui la lie encore avec ceux de cette maiſon: elle peut trouver ailleurs de grands Capitaines pour la protéger; mais ce choix & ſes ſuites ſont fort difficiles.

Comme les Magiſtrats y ſont à tems & amovibles, lorſqu'on les renouvelle, il arriveroit que des gens neufs ne pourroient pas gouverner l'Etat ſelon ſes uſages & ſur les derniers errements de leurs prédéceſſeurs. On y rémédie d'une maniere qui pourroit s'appliquer à toutes les Compagnies. On a établi des Conſeillers penſionnaires qui ſont perpétuels, mais qui n'ont pas voix délibérative; ils reſtent les Dépoſitaires de la regle;

* Cet écrit eſt avant le Stadhoudérat établi en 1748.

ils propoſent, ils excitent, ils aviſent, mais ils ne ſont les maîtres de rien, ſi ce n'eſt par l'empire de la raiſon & de l'expérience; par-là la liberté eſt en ſûreté & les regles ſont conſervées.

ARTICLE IX.

La Suiſſe.

LA Suiſſe eſt moins floriſſante que la Hollande, le terrein y eſt fort ingrat, les habitans en ſont auſſi lourds, mais plus groſſiers, le défaut des converſations, ou pour mieux dire d'immagination, rend les Hollandois inhabiles aux belles Lettres; mais la groſſiéreté des Suiſſes ne leur laiſſe qu'un inſtinct droit pour leurs affaires, nulle vûe pour le commerce & toutes les vertus militaires en partage excepté celles du Commandement; auſſi ſe vendent-ils pour la guerre, & c'eſt un des principaux trafics qui jette quelqu'argent en Suiſſe.

Si un tel pays étoit condamné à appartenir à un Monarque, ce ſeroit bientôt le plus miſérable de tous les Royaumes; & d'ailleurs les Suiſſes ſerviroient auſſi mal un Souverain, que le Souverain les commanderoit mal: c'eſt ce qu'ils ont fait voir lorſqu'ils ont ſecoué le joug.

En quel pays trouve-t-on des montagnes cultivées juſqu'au ſommet comme dans la Suiſſe? la ſeule liberté inſpire le travail.

Ce qui perfectionne encore l'intérieur des Républiques, c'eſt la petiteſſe des diſtricts, les Magiſtratures populaires ne réuſiſſent pas ordinairement à conduire une étendue de pays fort conſidérable; pour bien faire il ne leur faut qu'une ville, ou quelques villages de dépendance, & quand leur diſtrict s'étend davantage, ils en négligent les extrémités, ils favoriſent ce qui eſt plus proche, ils excitent des jalouſies entre les villes d'égales forces, ils aſpirent à la Tirannie; & telle a été la principale cauſe en Italie de tant de Républiques tiranniſées par leurs Magiſtrats.

D'ailleurs les ſoins multipliés ſont plus fréquens & plus aſſidus ſur un objet de peu d'étendue, les intérêts réciproques ſe combinent mieux, les contrariétés ſont moins conſidérables. La Suiſſe eſt un pays de toute égalité entre les Citoyens, & s'il y en a un au monde où on ait égard au mérite dans les élections, on dit que c'eſt celui-là: le mérite s'examine avec bon ſens & par des senſations plus phyſiques que ſpirituelles; c'eſt-là toute la pénétration de ces peuples : nous ne la leur envions pas, mais peut-être nous ſerviroit-elle mieux que ce que nous appellons ſagacité.

ARTICLE X.

La France.

La France eſt une Monarchie abſolue dont le deſpotiſme eſt tempéré par la raiſon & par la juſtice qui ſuggere au Monarque de recevoir aide & conſeil de ceux qu'il lui plaît de choiſir dans les trois ordres de ſon Etat. Nous en parlerons aſſez dans les Chapitres ſuivans.

ARTICLE XI.

Eſpagne.

L'Espagne a des Colonies qui lui rapportent de l'argent, la Hollande en a qui ne lui rapportent que des épiceries; cependant ce petit Etat eſt cent fois plus fort que ne lui promet l'étendue de ſon terrein. L'Eſpagne eſt cent fois plus foible à proportion de ſon continent, comparé à celui des Provinces-Unies : le dedans dans ces provinces eſt floriſſant par tout & fourmille d'habitans, l'intérieur de l'Eſpagne n'eſt que miſere

Plus il vient de richeſſes du nouveau monde en Eſpagne, plus le partage s'en fait avec inégalité & engendre par conſéquent tous les maux politiques que produit entre Citoyens, l'inégalité des biens.

La plus grande partie de ces retours en eſpeces va au Roi d'Eſpagne & enſuite à quelques uns de ſes Officiers qui s'enrichiſſent la plupart par prévarication; chargés de maintenir l'ordre, ils ont intérêt de le troubler.

Après les Vicerois & Gouverneurs, quelques Marchands Eſpagnols y participent, non par un travail induſtrieux de manufactures ou de Commerce; mais en prêtant leurs noms pour frauder la Loi par ſubtilité & par tromperie, & preſque tout le reſte de ces retours paſſent légitimement aux étrangers.

J'avancerai donc qu'en Eſpagne l'on trouvera le plus de quoi prouver combien l'inégalité des richeſſes eſt un mal entre Citoyens, & il y a de certains principes, où le préjugé d'un raisonnement demande des exemples frapants, & celui-ci est du nombre.

On prétend généralement que des Citoyens fort riches font un grand bien dans un Etat en ce qu'ils font travailler les autres.

Je conviens que dans un Etat commerçant, il y aura toujours de ces colosses de fortune qui font un usage supportable de leurs biens ; mais quelques bons effets qu'on tire d'un mal, ils ne font que l'adoucir & ne détruisent pas le mal en lui-même.

Pour le prouver, qu'on examine quel étoit l'Etat d'Espagne avant la découverte de l'Amérique, & si l'on remonte à ces tems les plus anciens, les Espagnes passoient pour le Pérou de l'Europe, on ne voyoit point alors de pays plus peuplé ni plus cultivé, plus abondant en bestiaux, plus riche en tout & même il y avoit de l'or, non cet or que les Espagnols ont été chercher si loin avec tant de cruauté.

Quand les Maures les conquirent, il faut voir les relations qu'ils font de ces heureux pays ; & les Arabes étoient connoisseurs. La suite des guerres civiles est toujours l'augmentation du despotisme, car les peuples veulent se reposer, quand les factions & les factieux ſont détruits. C'eſt ainſi que les Rois Chrétiens devinrent plus abſolus que ci-devant : lorſqu'ils eurent regagné leurs petits Royaumes, ils ſouffrirent les Maures qui voulurent ſe ſoumettre, & rien n'étoit encore plus fertile que l'Eſpagne, mais ſon abondance alloit décliner.

Ferdinand le Catholique chaſſa tous les Maures & les Juifs, il en fut fort loué par le Pape, l'Eſpagne perdit un tiers de ſes habitans. Enſuite on découvrit l'Amérique, l'Eſpagne en fit ſa conquête, & voici ce qui lui eſt arrivé.

Plus de la moitié de ſes habitans alla peupler l'Amérique, ces nouveaux colons ont envoyé dans leurs patries quantité de denrées étrangeres dont on ſe paſſoit bien auparavant, & ſur-tout beaucoup d'or & d'argent.

On diroit que cet or étranger repugne à prendre racine chez les Eſpagnols qui l'ont découvert, car il gliſſe pour ainſi dire ſur la ſuperficie de leur pays, & il ne paroît que chez les autres Nations.

Depuis cela l'Eſpagne a moins de manufactures, elle a abandonné l'agriculture & a augmenté en luxe, ſource de ruïne pour les peuples les plus conquérans : quelques

Grands, enrichis par la découverte des Indes, prêchent le luxe par leurs exemples, les Rois sur-tout se sont jettés dans une ambition extravagante.

Philippe II. prétendoit conquérir la France & l'Angleterre, & ne se cachoit pas de viser à la Monarchie universelle dont on se réjouissoit en effet; mais à quel prix? Flotte armée d'étrangers, travaux pour forcer la nature, bâtiment de mauvais goût, corruption, mille chemins par où l'argent sort du Royaume & aucun pour y rentrer. On peut comparer l'or des Indes qui vient en Espagne à celui que les particuliers gagnent au jeu, il ne profite point, on le dissipe follement, & on finit par perdre son patrimoine.

Ce mauvais principe de conduite est si opiniâtre pour le malheur de l'Espagne, qu'il subsiste encore aujourd'hui, & qu'après tant de contretems où la Providence a armé les causes apparentes, l'Espagne ne fait pas un seul bon emploi pour le pays de toutes les richesses qui lui arrivent tous les jours.

Tel est l'effet de la mauvaise distribution des trésors: les riches ne savent que faire de leur argent, & si les pauvres y participoient, ils en feroient cent bons emplois avant que d'en faire un mauvais ; ils commenceroient par se retirer de la misere, ce qui ôteroit un des fléaux de l'Etat ; ils travailleroient ensuite à s'assurer leur subsistance, après le nécessaire viendroit l'utile, ils amélioreroient leur patrimoine & mettroient l'abondance dans le pays. Les riches au contraire ne peuvent songer qu'au luxe, & le luxe étend les besoins de l'homme, même aux yeux les plus sages ; le public se fait illusion par quelques travaux extraordinaires, par quelques établissemens d'éclat ou d'orgueil que des riches mieux intentionnés que d'autres font souvent en faveur du public ; mais qu'on calcule un peu, & l'on trouvera que les mêmes sommes d'argent ainsi ramassées, si elles avoient été distribuées à différens particuliers, eussent bien autrement aidé le public.

Les Maures & les Juifs, chassés par Ferdinand V. & poursuivis encore sous ses successeurs par les inhumanités de la Ste. Inquisition, emporterent avec eux beaucoup d'argent.

Celui-ci avoit tout un autre usage en Espagne que n'a eu celui des Indes, il y étoit mieux naturalifé ; il circuloit, il aidoit le commerce, il fe répandoit par-tout.

Je vais récapituler les Articles des pertes réelles que l'Efpagne a fouffertes depuis environ 250. ans.

Le tiers de fes habitans perdus par le banniffement des Maures & des Juifs.

L'argent qui circuloit par les profcrits.

Les fupplices de l'Inquifition.

L'accroiffement du Monachifme & du Clergé, & par conféquent du célibat pour contrecarrer davantage les héréfies du feizieme fiécle.

Les fondations nouvelles plus eccléfiaftiques que pieufes, animées par les richeffes de l'Amérique.

Le dépeuplement de la moitié du continent en Europe pour aller défricher l'Amérique & l'Afie.

Les nouvelles maladies venues des Indes, & qui ont choifi l'Efpagne pour leur premier féjour en Europe.

L'acquifition des provinces éloignées par la fucceffion de la maifon de Bourgogne.

Les guerres étrangeres pour acquérir, ou pour défendre d'autres provinces éloignées.

La mauvaife diftribution des richeffes des

Indes, l'augmentation du luxe, la diminution de l'agriculture & des arts, & par-là cette Nation livrée toute entiere à la fainéantise que lui inspire naturellement la chaleur du climat.

On reconnoît en tout cela quels peuvent être les malheureux effets du despotisme quand un seul homme, se trompant par ses passions dans sa fausse politique, entraîne l'erreur universelle de toute sa Nation.

Les Espagnols sont courageux & élevés, ils aiment l'honneur jusqu'à la gloire. C'est de-là que vient leur amour & leur obéissance aveugle à leurs Chefs, non par crainte, mais par une fidélité héroïque; ainsi le véritable despotisme est né en Espagne. Charles-Quint disoit que toutes les autres nations vouloient être caressées, & les seuls Espagnols commandés.

Un Gouvernement Républicain ou mixte se fût conduit tout autrement lors de la découverte du Pérou; il eût écarté les panchans qui ne viennent que des passions d'un homme seul, comme sont les guerres d'ambition & l'opulence subite des favoris; il eût admis la concurrence d'intérêt de toutes les villes d'Espagne propres au commerce;

les richesses étrangeres eussent tourné au profit de tout l'Etat & c'est ce qu'on voit dans l'Histoire du commerce de Hollande & de Venise.

Le Gouvernement d'Espagne a eu longtems un fonds d'Aristocratie naturelle à toutes Nations conquérantes, comme ont été les Goths : les Capitaines qui ont affermi le trône obtiennent leur part dans le gouvernement civil par la supériorité qu'ont mérité leurs services, ces distinctions passent à leur race, & de-là vient qu'on l'appelle grande Noblesse, elle se regarde comme approchante à la Royauté jusqu'à ce que le despotisme plus rafiné éclaire mieux les prétentions & son ignorance.

On ne prenoit autrefois les Ministres & les Conseillers d'Etat en Espagne & en Portugal que parmi les grands ; mais de plus en plus on les écarte du maniement des affaires pour n'y admettre que des gens de faveur, de fortune & de quelque mérite.

Mais le peuple y est encore moins écouté qu'en France ; tous les Officiers de ville & de province sont Officiers Royaux, l'honneur d'émaner directement du trône est trop précieux chez cette vaine Nation pour que cela soit autrement ; les Officiers négligent leurs fonctions, vexent les humbles, & font hautement des bassesses mieux qu'ailleurs.

Les abus du Gouvernement sont moins sensibles aux Espagnols qu'à toute autre Nation, contentement passe richesses, la privation n'est fâcheuse que par le besoin, il leur faut peu de commodités pour le corps, il leur faut des chimeres dans l'esprit, & tout les y entretient jusqu'à leur décadence.

ARTICLE XII.

Le Portugal.

LE Portugal, démembré d'Espagne, en a à-peu-près les mœurs en quelques articles; l'art ajoute encore à la nature, le Gouvernement & la Cour de Lisbonne se modele sur ceux de Madrid.

Le Portugal a aussi son Pérou, l'usage qu'il fait de l'or n'est pas de faire des conquêtes en Europe, mais on ne voit pas qu'il l'ait encore appliqué à se fortifier, ni à se rendre heureux : satisfaire le luxe, ou quel-

que

que caprice, voilà les défauts de la Royauté, ces défauts deviendroient des vices chez un conquérant.

En comparant les abus du gouvernement Portugais avec ceux de l'Eſpagnol, on y trouvera un principe qui n'eſt pas indifférent en politique, c'eſt que plus un Etat eſt petit, mieux il ſe gouverne par proportion à un plus grand de la même eſpèce. Que de conſéquences à tirer de cette preuve ! Il eſt donc utile de diviſer les ſoins, les biens, les diſtricts & chaque ſphere d'intérêts : plus leur objet eſt ménagé, plus les reſſorts en ſont vifs & ſoutenus ; mais de ſavoir juſqu'où doit ſe porter cette réduction des objets, ce feroit peut-être une des premieres & des plus eſſentielles parties de la ſcience pratique du Gouvernement.

On trouvera donc en Portugal le bon & le mauvais étant de même eſpece qu'en Eſpagne, le bon eſt meilleur & le mauvais eſt moïndre.

Les colonies Portugaiſes ſont mieux gouvernées que celles d'Eſpagne, elles rendent davantage à proportion, on y fraude moins, les monopoleurs y ſont plus rares & mieux punis ; mais tout cela eſt encore mieux gouverné dans les colonies Hollandoiſes qui dépendent d'une République.

Le dedans du Portugal eſt moins miſérable & mieux adminiſtré qu'en Eſpagne, les provinces plus peuplées.

Les Portugais n'ont point eu toutes les ſources de dépériſſement dont j'ai parlé à l'article d'Eſpagne, mais ils y ont participé.

Ils ſont à l'abri des conquêtes étrangeres en Europe, ce qui eſt encore un très-grand avantage ſur l'Eſpagne : quel bien de ſe trouver par état content du domaine qu'on poſſède ! cette ſituation produira tôt ou tard de grands fruits en Portugal, il ne s'agit plus que d'un regne ſage : les intérêts ſont ſenſibles & les moyens dans les mains de la Nation ; toute la politique du Conſeil de Lisbonne ſe réduit aujourd'hui à ſe défendre contre l'Eſpagne ; qu'on y ſonge donc, & par des moyens plus efficaces que ceux qu'on a pris juſqu'à cette heure. Ces moyens ont été de ne ſe confier aujourd'hui qu'à la ſeule Nation Angloiſe, & pour prix d'une défenſe dont le cas eſt éloigné, on lui donne toute la réalité d'un commerce riche excluſif ; les Portugais pourront dans la ſuite partager davantage leur alliance & leur commerce, par-là ils s'acquereront un plus grand nombre d'amis intéressés à leur défense, par-là ils doivent regagner la liberté du commerce, & en recommencer l'usage en s'occupant eux-mêmes de celui qu'ils peuvent faire pour leur besoin, sans recourir à des voisins, qui enlevent leur subsistance ; ce sont-là les véritables intérêts de cette Nation.

ARTICLE XIII.

Sardaigne.

LE Royaume de Sardaigne augmente d'âge en âge par l'habileté de ses Rois, & les espérances sont grandes d'accroître encore cette nouvelle Monarchie ; la maison régnante, appellée à la succession d'Espagne, toujours prête à profiter des jalousies de l'Europe contre les deux branches de la maison de France & d'Autriche, il ne s'agit que de l'habileté à profiter des occasions, & jusques ici cette vertu n'a pas manqué au Conseil de Turin, si même elle n'a pas passé les bornes. Les peuples ne peuvent mieux faire que de se livrer à des Princes si vigilans pour la prospérité de la Nation.

On peut tolérer à un petit Souverain l'ardeur de s'agrandir, elle fait partie de la nécessité de se défendre, sur-tout quand il se trouve situé entre des Princes puissans & inquiets : il n'y a que Machiavel qui puisse aller plus loin que la tolérance dont je parle, & qui peut passer aux Ducs de Savoye; ce que leur reproche le Président Janin dans ses avis sur la restitution du Marquisat de Saluce, d'user plus souvent de la finesse des Africains que de la franchise des Septentrionaux.

Cette Monarchie est de la proportion qu'il faut pour être bien gouvernée, aussi le Roi Victor l'avoit-il autant bien réglée qu'eût pû l'être une République; de son tems c'étoit pour ainsi dire un Etat tiré au cordeau, on y pourvoyoit à tout, il en a rédigé toutes les loix dans un seul code. Les finances & l'administration militaire de même, tout s'y ressentoit de la propreté qu'on voit dans les petits ménages. Les grandes Monarchies pour se relever de l'indolence qu'entraînent leurs grandeurs y auroient pû prendre des leçons utiles & applicables à chacune de leurs Provinces.

ARTICLE XIV.

Dannemark.

LE Dannemark eſt ſujet depuis long-tems à avoir des Rois médiocres, & le rolle qu'il joue en Europe reſſemble à ſes Rois.

La terre ſemble plus neuve en ces pays-là qu'ici, les hommes & les animaux y ſont plur forts, la fécondité y donne l'abondance, les pâturages ſont plus gras ; l'Etat y eſt naturellement militaire.

L'or y manque, il n'eſt devenu un beſoin dans le Nord que depuis que les pays méridionaux d'Europe en ont regorgé & ont entraîné les autres dans un luxe d'exemple : autrefois le Nord nous a inondé par ſes habitans, & par un malheureux retour nous l'inondons de nos vices.

De-là vient la baſſeſſe qu'ont aujourd'hui les Nations de ſe vendre pour des ſubſides ; ils trafiquent ainſi le ſuffrage de la Nation dans les affaires générales de l'Europe & leurs troupes, qui en ſoutiennent les deſſeins ; par-là ils font cette faute nationale d'entrer dans une involution d'intérêts qui ne les regardent point.

On y a conſervé l'ancienne forme des Etats populaires : la Nobleſſe y fait corps à part, mais concourt dans les délibérations provinciales. C'eſt un bonheur pour ces Nations & pour leurs Souverains qu'on y reſpecte l'ordre que le hazard y a introduit ; je parle de celui qui ſépare chaque province ſuivant qu'elle a été acquiſe ſucceſſivement : par-là chaque province reſte diſtinguée & a ſes Etats ſéparés, qui adminiſtrent bien mieux le dedans de chacune, que ne feroient les Etats généraux de toute la Nation. Ces Etats généraux renverſeroient la Royauté ou auroient été anéantis par elle, & toute Démocratie ceſſeroit à la fois.

C'eſt ce qui nous eſt arrivé en France, quelques-unes de nos provinces ont encore le droit d'étape, & gouvernent moins mal que le reſte du Royaume ; le pouvoir arbitraire y a été trop jaloux de ſes droits, il a préféré le déſordre & la miſere à tout ce qui portoit avec ſoi le carectere de liberté ; c'eſt ce qui a fait détruire les Etats nationaux, & ce qui réduit tous les jours à moins d'autorité les Etats Provinciaux qui ſubſiſtent encore.

ARTICLE XV.

Le Pape.

LE Pape eſt dans ſon Etat un Souverain deſpotique, il gouverne ſes provinces par des Légats, les villes ont des gouvernemens, & en tout cela nulle image de démocratie.

Le Conſiſtoire ne borne le pouvoir du Pape que ſur les affaires de l'Egliſe univerſelle, ou dans les cas où il s'agiroit d'aliéner le patrimoine de St. Pierre ; mais les Papes ſont élus vieux, & ne peuvent influer ſur le choix de leurs ſucceſſeurs ; ils ne peuvent donc étendre leur pouvoir à toutes les choſes où vont la plénitude de la propriété & le droit héréditaire chez les autres Souverains ; ainſi ils reſpectent les régles & les uſages, ils tirent ſeulement ce qu'ils peuvent en faveur du Népotiſme.

ARTICLE XVI.

Les Deux Siciles.

LES deux Monarchies renouvellées de Naples & de Sicile, ne dissimulent pas à leurs peuples le dessein qu'elles ont d'aller au despotisme le plus absolu & de se modeler en tout sur celui d'Espagne.

Tant que l'Espagne aura à cœur comme aujourd'hui de les assister de toutes ses forces & d'y prodiguer ses trésors, le Roi de Naples gouvernera absolument ses sujets, à peine aura-t-il quelque ménagement de prudence à y apporter, il augmentera ses revenus, il se formera un état militaire capable de défense & même d'entreprise, il fera fleurir le commerce, il abaissera les grands, il éteindra les dangereux privileges de la Noblesse; en un mot il prendra tout le sistême moderne des Souverains d'aujourd'hui, de renverser les grandeurs qui sont entre le trône & le peuple pour qu'il y ait plus loin de lui à ses premiers sujets.

Mais si jamais l'appui d'Espagne venoit à lui manquer avant que d'avoir consommé ses desseins ; on ne sauroit dire ce que deviendroient ces deux Monarchies & quelle sorte de pouvoir s'y établiroit.

Ces Royaumes sortent des gouvernemens des Vicerois, & ils ont subsisté de cette sorte pendant deux siécles ; qu'on se figure quel pli ils ont pris, apartenants à des maîtres éloignés & administrés par des Gouverneurs de différens caracteres, envoyés & dirigés par la nécessiteuse maison d'Autriche : toute la puissance publique ne s'y est occupée que de tirer le plus d'argent qu'elle a pu des pays ; de la part du gouvernement, faire souffrir aux sujets par des voyes foibles ce qu'on ne pourroit exprimer, éprouver de fréquentes révoltes & se contenter de prévenir les révolutions totales.

Un peuple entier prend ces mauvaises habitudes sous les mauvais gouvernemens, comme un enfant qu'on éleve mal, ces habitudes peuvent passer, mais elles tiennent longtems au fonds du caractere.

L'histoire ancienne ne dit point que les Napolitains & les Siciliens fussent originairement plus inquiets que les Toscans, ainsi c'est des nouvelles habitudes que je parle que sont venus des Nobles insolents, des peuples mutins & des mœurs scélérates : il faut la verge de fer pour réprimer tant de vices politiques & moraux.

Avec cela le pays n'est pas misérable ; la foiblesse du gouvernement précédent a laissé aux peuples toute la liberté nécessaire pour travailler à leurs affaires.

Naples est une Capitale des plus florissantes de l'Europe, la Sicile est aussi-bien cultivée que si Cérès s'en mêloit encore.

ARTICLE XVII.

Modène & les autres Etats d'Italie.

LE Duché de Modène est le seul des Etats particuliers d'Italie qui nous reste à nommer : on y a éteint dans ce siécle Mantoue, Parme, Plaisance & Toscane, c'est le tour de Modène de subir le sort de tous les petits tirans d'Italie qui sont devenus la proye des grands ; image honteuse parmi les hommes de ce qui se passe parmi les animaux féroces.

Toutes ces Souverainetés particulieres ont dû prévoir leur perte dès qu'elles ont cessé d'avoir un Etat de troupes suffisant pour se défendre & pour figurer parmi leurs égaux. Non de ces troupes de réserve & de solde, plus molles que des femmes & plus poltronnes que des lièvres, mais composées d'hommes qui fassent leur unique métier de la guerre & qui ne craignent pas de mourir.

Tous ces Souverains n'ont pas manqué d'autorité sur leurs peuples, leur revenu étoit bien fondé, ils gouvernoient des pays riches & fertiles, on y a joui de la liberté nécessaire pour entretenir l'abondance, mais qu'est-ce que le bonheur quand on n'est pas sûr de sa défense? c'est un beau songe qui passe, ce n'est qu'une victime engraissée.

Depuis Charles VIII. qui alla troubler l'Italie, ces beaux pays sont à tout moment la proye du soldat effréné qui porte la rapine & l'incendie dans les héritages, les Italiens ne connoissent plus pour toute résistance que quelques vengeances sourdes dont ils payent des injures ouvertes.

Le grand Duché de Toscane se ressent des bienfaits du gouvernement Républicain, & de-là les Toscans sont passés sous l'autorité des Princes riches par eux-mêmes & toujours commerçants, moyennant quoi les droits & la dignité du Souverain ont pu se passer du sang des peuples ; mais ils viennent de tomber entre les mains des Allemands.

ARTICLE XVIII.

Souverains d'Allemagne.

LES Souverainetés particulieres d'Allemagne & les Provinces héréditaires de la maison d'Autriche sont gouvernées de même.

Un Souverain des Etats provinciaux en Allemagne n'est point géné dans l'exercice de son pouvoir, les Etats qu'il assemble fournissent sur ses très-gracieuses demandes le don gratuit qui lui convient : un goût trop exquis, une magnificence inquiette, n'inspirent pas ordinairement aux Princes Allemands d'excéder de beaucoup leur dépense accoutumée.

Il leur faut du vin & des chevaux, comme il falloit au peuple Romain du pain & des Spectacles : quelque douceur naturelle, beaucoup d'humanité entre ces peuples tranquiles & robustes ; voilà ce qui écarte de chez eux à la fois la tirannie & l'anarchie.

Tous ces pays ſont heureux : ils ſe ſont procuré l'abondance & dans le beſoin ils peuvent faire des efforts qui n'énerveroient pas ſenſiblement la campagne ; c'eſt ce qu'on a pu remarquer dans l'Electorat de Bavière & dans les deux Palatinats, lorſque les Souverains y ont attiré des vengeances cruelles ſur des peuples innocents.

La Nobleſſe y concourt avec le Peuple aux délibération nationales : elle ne ſe diſtingue que par des vieux châteaux, de longs titres, des alliances épurées de roture, le commandement à la chaſſe & le talent de boire.

Parmi ces Souverains il y a des Rois, mais leur Royautés ſont hors l'Allemagne : ce n'eſt pas ordinairement la Royauté étrangere qui eſt la mieux gouvernée : ils ſe plaiſent davantage dans leur Patrie & une patrie ſi aimable.

La Saxe eſt peut-être le pays du monde le mieux gouverné par des Etats, & c'eſt-là où l'on trouvera véritablement un plus heureux mêlange de Monarchie & de Démocratie. Les finances des Souverains ſont en ordre & au large : tout y eſt bien réglé, elles ont la réputation & le crédit nécessaires : le Roi Auguste II. tiroit de ses peuples des sommes immenses qu'il dépensoit comme il vouloit à ses plaisirs, ou à sa politique ; rien n'épuisoit son épargne & l'abondance augmentoit toujours dans la Saxe.

Le Roi de Prusse entretient cent mille hommes de troupes réglées, leur nombre & leur taille paroissent également disproportionés au nombre de ses sujets & à l'étendue de ses Etats.

L'Empereur tire de ses pays héréditaires plus que les autres Princes & Electeurs de l'Empire ne tirent des leurs, car les besoins & les desseins de l'Empire y sont plus importants aux peuples. Cependant l'affoiblissement après de grandes guerres n'y a pas été si sensible qu'en France & en Espagne. C'est que les peuples s'y gouvernent eux-mêmes, leurs intérêts sont ménagés par d'autres suffrages que par les horribles lumieres de nos traitants : les peuples tirent des conjonctures le moins mauvais parti qu'ils peuvent. Ils choisissent les genres d'impositions les moins fâcheux pour la campagne, ils les levent eux-mêmes avec le moins de frais & de vexations.

On ſe convaincroit encore davantage de tous les principes en parcourant l'Allemagne ; on y trouveroit differents degrés de Démocratie & qui ſelon les intérêts du public y ſont plus ou moins abondants & les Souverains plus ou moins riches & reſpectés, la meſure de la juſtice étant celle du ſuccès du gouvernement.

ARTICLE XIX.

La Ruſſie.

L'Empire de Ruſſie ou Moſcovite n'étoit compté il y a cinquante ans que parmi les nations barbares : on confondoit celle-ci avec les Tartares & les Coſaques.

Un ſeul homme l'a tirée de cet état & l'a rangée parmi les Puiſſances conſidérables, redoutables & très-digne qu'on réprime ſon trop de pouvoir ; car cette Puiſſance étant arrivée ſoudainement à la politeſſe, s'eſt trouvée d'une grandeur immenſe ; & on négligeoit l'immenſité par le mépris de la barbarie.

Pierre le grand a donc été à la fois Législateur & Conquérant ; ce qui conſtitue un des plus grands hommes que le monde ait vû.

Outre la vaſte étendue de leur Empire, les Czars ſe trouvent en poſſeſſion d'une autorité ſans bornes ſur leurs peuples ; reſpect & dévouement de ſujetion, tel qu'on le voit naturellement chez des peuples doux & barbares. Ils ſont chefs de la religion & de l'Etat.

Pierre le grand étant donc réellement le maître de ſes peuples en a fait tout ce qu'il a voulu , & n'y a pas perdu de tems.

Le progrès de la politeſſe n'y eſt peut-être pas fort grand encore , mais les principes en ſont ſi bien fondés qu'elle fait tous les jours de nouveaux progrès ſans Princes capables, ſous des minorités, & ſous des femmes de peu de mérite.

A un peuple ainſi compoſé il faut d'autres loix, qu'à ceux qui ſont plainement ſortis de la Barbarie, il faut par-tout exciter aux arts & même au luxe : il faut attirer les étrangers non pour augmenter les habitans & pour peupler, mais pour inſpirer des manieres polies & le bon goût.

La politique Ruſſienne ſe trompe, ſi elle continue à entreprendre des guerres d'ambition.

tion. Cet Empire n'a déja que trop d'étendue & assez de côtes & de fleuves pour faire un grand commerce ; il ne devroit entrer que dans des guerres où il pût se gagner l'amitié & le concours des étrangers, faire oublier l'excès de sa puissance, & non pas s'attirer l'envie dès la naissance de sa politique. Déja l'Europe se repent de lui avoir prêté des secours propres à le perfectionner & de s'être endormi sur ses premiers progrès.

Le Czar despotique comme il est sur ses peuples, n'élevera certainement pas sa Noblesse à côté de lui, au contraire on a déja vu Pierre le grand travailler efficacement à abbaisser les Boyards ; ses successeurs admettront le mérite aux places & éleveront les gens de service. Le tems de l'Aristocratie est passé quand le Despotisme a commencé sans son secours.

ARTICLE XX.

La Turquie.

L'Empire Turc est le comble de toutes les humeurs du despotisme & de la tirannie.

Il faut aux objets un grand jour pour les connoître ; qu'on se convainque, en considérant l'Etat de la Turquie, de tous les maux que peut causer le gouvernement monarchique sans l'admission d'aucune Démocratie.

Car dans tout ce que j'ai dit précédemment des Etats les plus despotiques, il y a toujours un certain nombre de suffrages propre à représenter les intérêts de la chose publique ; si c'est la Noblesse qui approche seule du Trône elle est en grand nombre, elle a ses intérêts, des terres en propriété, & elle se fait écouter : si la Noblesse gouverne séparément, le peuple emprunte son organe, si la Noblesse concourt avec le peuple, c'est une véritable Démocratie.

Mais en Turquie la volonté seule du Monarque fait les loix & conduit tout ou plutôt ne conduit rien.

Dans cet Empire barbare ce n'est ni la cruauté des supplices, ni la procédure militaire de la justice criminelle, ou les chûtes subites des grands de la Porte, qui constituent la tirannie de ce gouvernement ; peut-être trouveroit-on de grands traits de justice dans ces pratiques effrayantes : ce sont bien d'autres effets de ſervitude qui cauſent la décadence de cet Empire.

On n'y voit point de grandeurs innées, mais le mérite n'y gagne rien; les choix ſont guidés par l'avarice, ou dictés par le caprice, & les Officiers ſont dépoſés par la même méthode.

Il n'y a pas plus de propriété dans les biens que dans les charges, les dépoſſeſſions des biens viennent de la cupidité & de l'envie, mais rarement de la juſtice.

Tout ce qui a quelqu'autorité ſur le Public eſt Officier du Souverain, ou plutôt en eſt l'eſclave.

Ces Officiers ne ſavent d'où ils viennent, ni où ils vont, ils ſont tirés du nombre des enfans de Tribu élevés dans le ſerail, & leur race meurt avec eux, quoiqu'ils laiſſent beaucoup d'enfans; mais leurs biens retournent à l'épargne du Prince; par-là chacun n'eſt en ce monde que pour ſoi & ne peut ſonger qu'au préſent; ce préſent étant fort court il le bruſque par l'avarice & la débauche: de quel uſage ſeroit le mérite?

Le moindre Officier répréſente dans ce qui lui eſt confié toute la rigueur du deſpotiſme du Souverain.

Les défauts du Gouvernement Turc attaquent plus la Police que les autres parties du Gouvernement, & c'eſt le défaut de tous ceux qui ont exclu la Démocratie. On me demandera ſans doute ce que c'eſt que la Police dont je parle ſi ſouvent.

La Police comprend tout, c'eſt le véritable Droit public qui régle les intérêts des citoyens reſpectivement avec la ſociété, c'eſt l'ordre dont la Religion inſpire l'amour: de l'obſervation des Loix réſulte le bonheur des hommes, les mœurs tranquilles & la force de l'Etat.

Il faut convenir que les armées Turques ont leur force par la valeur des Janiſſaires, qu'il ſe trouve quelques Cadis qui aiment la Juſtice, qu'on la rend avec une préciſion qui l'emporte communément ſur nos formalités dilatoires & déclinatoires & que le Souverain y a beaucoup d'argent & de riches épargnes; mais il ne faut pas s'en tenir à quelques traits vagues ou pris en gros dans l'examen du Gouvernement, il faut ſuivre quel a été le progrès des abus & prévoir où ils vont.

Je ne parle pas ici des vices de l'Empire même qui rendent le Grand Seigneur ſi ſujet à être détrôné par une Armée, trouvant sa crainte dans ce qui fait l'appui des autres Monarques; je traite des défauts qui retombent sur les sujets gouvernés.

L'empire Turc devient à rien; il ne faut pas s'arrêter aux succès imprévus de quelques campagnes par l'imprudence ambitieuse de ses voisins. Cet Empire s'énerve plutôt véritablement qu'il ne se démembre, il se conserve encore extérieurement; les jalousies réciproques des Princes Chrétiens sont peut-être aujourd'hui son appui le plus solide

Les Turcs ne travaillent point, il ne se polissent point, ils ne disciplinent point leurs Armées; tandis que nous autres Chrétiens avançons beaucoup dans les arts.

Les Turcs ne peuplent point, ils admettent chez eux des Francs qui bientôt trop nombreux leur feront la Loix. Leurs villes presques ruïnées n'auront bientôt point pierre sur pierre, l'Etat en est changé autant que les noms, ces noms autrefois si doux & qui rappellent encore l'idée de la politesse & du goût de l'ancienne Grèce.

Les différentes proportions du Peuple Turc ne peuvent se connoître ni s'ameuter pour les intérêts communs soit du commerce, ſoit de la police, ou des mœurs : quelles Loix, quels reglemens, quel concert peut-il réſulter de ſi grandes ſéparations de parties ? ainſi tout y eſt arbitraire & n'a pour unique objet que l'intérêt d'un ſupérieur avide & barbare.

Preſque tous les arts nouveaux y ſont proſcrits par la Religion & par la Loi : on ne veut recevoir des Chrétiens que le produit de leurs arts ; mais non l'art même ; & c'eſt juſtement la maxime contraire qu'admettent les Etats bien gouvernés ; la raiſon même reſte dans ſon enfance dès qu'on ſe refuſe la communication avec ceux qui travaillent à la perfectionner par la Philoſophie.

On croit fauſſement que c'eſt la Poligamie qui dépeuple la Turquie, les Chrétiens riches & libertins ont ici une Poligamie qui fait bien plus de tort à la propagation.

Cette autoriſation irréguliere chez les Turcs ſatisfait la fantaiſie de quelques gens trop riches qui ſe donnent autant de femmes qu'ils en peuvent entretenir ; mais le bas peuple en trouve toujours aſſez.

C'eſt véritablement la miſere qui dépeuple le pays dans celui-là, c'eſt la ſtupidité &

l'indolence qui suspendent les fortunes & qui retranchent les familles.

La propriété des peres sur leurs enfans, engage ailleurs à l'amour du bien pour les avancer dans le monde, & l'amour du bien fait desirer d'avoir des héritiers; il faut pour cela que les portes soient ouvertes à l'industrie, à l'émulation & même à quelque ambition.

Si j'ai donc proposé plus haut de grandes écoles & des leçons à prendre pour perfectionner le gouvernement monarchique par quelques gouvernemens heureux, j'y donnerai celui-ci au nôtre comme la source de la plus triste application, suite d'un despotisme outré ou mal entendu.

Les Lacédémoniens montroient à leurs enfans des Esclaves yvres pour leur imprimer l'horreur du vin.

CHAPITRE IV.

Ancien Gouvernement Féodal de la France.

Le Gouvernement Féodal consistoit dans l'autorité que les Rois de France avoient sur leurs vassaux immédiats & ceux-ci sur les arrieres fiefs de la Couroune, les arrieres Vaffaux fur d'autres nobles fubordonnés, & enfin tous les Seigneurs dominés & dominants fur les roturiers, manants & habitans de leur terre, & ces habitans étoient plûpart ferfs ou efclaves.

Le Roi n'avoit pas feulement ce qu'on appelle la grand main & le droit univerfel comme aujourd'hui pour que tous les fiefs fe rapportaffent à lui directement ou indirectement; il avoit encore les droits régaliens que n'avoient pas les autres Seigneurs.

Mais comme tout cela n'étoit qu'ufurpation de la part des Seigneurs, il faut croire que fi les tems avoient continué à leur être favorables, & fi la France depuis Hugues Capet n'avoit pas eu des Rois fermes, ou ceux-ci des Confeils habiles, bientôt la fuferaineté fe feroit abfolument confondue avec la Souveraineté.

Les fiefs s'y appelloient originairement Bénifices & étoient certainement à vie, ils devenoient héréditaires: les Comtés & les Marfats n'étoient que des Charges amovibles, puis à vie, puis héreditaires & d'office; de France, ils devinrent abfolument patrimoniaux dans les familles, ces Officiers étoient chargés de rendre la juſtice, & du commandement des Armées, ils ſe ſubdéléguoient, d'autres officiers ſubalternes chargés des mêmes ſoins, ces ſoins donnant de l'autorité eurent des charmes pour ceux qui en étoient chargés, ils les élevoient & les enrichiſſoient, on les garda, ils devinrent de droit particulier & patrimonial.

Telle eſt la véritable origine des fiefs & de tous les droits qui en dépendent, uſurpation par-tout, tolérance forcée de la part de nos Rois, puis tolérance de convenance juſqu'à préſent pour les droits qui en ſont reſtés & qui ne nuiſent qu'au public, mais ſans offuſquer la monarchie, elle a écarté ce qui lui étoit le plus incommode, ce qui ſubſiſte n'eſt qu'une ombre de Seigneurie & encore cette ombre eſt-elle bien fâcheuſe au Public; tel eſt le droit de chaſſe ſur ſes voiſins ſource de querelles & d'inſultes, les droits conſidérables de mutation & de relief en ſucceſion collatéralle, par où les terres mal adminiſtrées paſſent plus difficilement dans les mains qui les cultiveroient mieux. L'exercice de la juſtice ſeigneuriale négligée par-tout & pratiquée par une race de gens avides, toujours occupés à exciter l'habitant ſimple à plaider ; & par tous ſes différens droits, procès, chicannes, vieilles recherches, empêchement à la bonne culture des terres, rétréciſſement de l'abondance, obſtacle au bonheur de la campagne.

On prétend que le droit Féodal nous vient des Lombards, & que ceux-ci l'avoient apporté du Nord.

Il eſt certain que les Romains n'ont jamais connu cette odieuſe ſervitude d'une terre ſous une autre terre, une telle invention ne peut venir que de l'eſprit d'orgueil & d'intérêt ; une revolte rafinée a porté les ſujets à copier les Rois dans les terres de leur domaine, les douceurs des Rois fainéans a rendu toute uſurpation héréditaire, & les enfans ont enchéri ſur le progrès de leurs peres dans une tirannie qui les rendoient puiſſans avant que de naître.

Qu'on ne cherche point l'origine des fiefs dans les premieres conquêtes de nos Francs ſur les Gaulois ; l'hiſtoire nous préſente quantité d'autres envahiſſemens plus éclatans que celui-là : on ne voit pas que les conquérans ſe ſoient aviſés du droit Féodal, ni de rien qui lui reſſemble ; il arrive bien que les vainqueurs s'arrogent quelques terres dans les meilleures ſituations, ils les cultivent, ils y bâtiſſent aux dépens des vaincus; mais dans ces tems de barbarie on ne s'aviſoit point de prendre des conceſſions de pluſieurs lieues en quarré comme ont fait les Européens dans la déſerte Amérique; qui eût imaginé alors de prendre plus de terre qu'on n'en eût pu cultiver ſoi-même? on ne connoiſſoit pas les baux, les ſousbaux, les rétroceſſions, ni les limitations, on n'avoit point de Negres pour les cultiver.

Les Capitaines François ne ſe ſeroient pas aviſés de relouer leurs terres à leurs ſoldats compatriotes à la charge d'hommage & de ſervitude; tous ces guerriers ſe regardoient alors comme compagnons; d'ailleurs un champ de quelques arpens ſuffiſoit pour nourrir une famille: les Gaules étoient fort peuplées, & il ne faut pas croire que les Gaulois fuſſent aſſez vaincus pour être eſclaves comme nos Negres, ou ſeulement comme les eſclaves des Romains: ils reſtoient dans leur pays. C'eſt la déportation qui conſtitue principalement l'eſclavage, nul n'eſt facilement eſclave dans ſon pays; ſi on l'y traitoit comme tel, il trouveroit des reſſources pour s'en relever; on ne voit pas même que les Indiens ayent généralement ſubi chez eux cette eſpece d'eſclavage qui réduit l'homme à ſervir un maître comme font un bœuf & un mulet.

Qu'on regarde les eſpeces de conquêtes plutôt comme une occupation des principaux poſtes du pays, que comme une ſubjugation des habitans. On ſait d'ailleurs que les Romains furent plutôt chaſſés des Gaules que les Gaulois ne furent vaincus par les Francs.

L'uſurpation eſt ingénieuſe quand le tems en a caché l'origine, de celui-ci elle a fabriqué tout ce beau Roman qui la rend légitime, & dont je viens d'eſſayer de montrer l'abſurdité.

Le droit Féodal n'eſt à tous égards qu'une uſurpation ſur la Royauté, il eſt vrai que dans l'origine des choſes preſque tout pouvoir eſt uſurpation ſi l'on veut l'examiner avec rigueur : la Royauté vient toujours d'un contract entre le Roi & le peuple.

Ce contract eſt conditionel, il exige l'obſervation des loix fondamentales, qui ſont portées par le contract même ; mais en même tems, il donne lieu à y contrevenir ; car il confere le pouvoir législatif, & ſans la législation le Roi ne feroit rien. Ce pouvoir doit être réglé par le droit de convenance, d'équité, & de raiſon qui eſt le premier des droits. La raiſon & la convenance font changer les loix d'abord pour l'intérêt du peuple, & enſuite pour celui des Souverains.

Le laps de tems a achevé de canoniſer l'autorité monarchique telle que nous la voyons dans la plupart des Souverainetés du monde; le tems & la preſcription, ſans leſquels tout ne ſeroit que diſputes & confuſion, ont fait le reſte: ainſi n'examinons plus l'autorité Souveraine par les plus anciens faits, tenons-nous en aux établiſſemens que nous trouvons & reſpectons ce que nos peres viennent de reſpecter.

On trouve que l'autorité monarchique, pour être utile aux hommes, veut être balancée mais non partagée, que juſqu'à ce que le cahos ſoit débrouillé, juſqu'à ce qu'elle ait renverſé tous les obſtacles de contradiction, elle ne s'occupe que de ſon deſpotiſme & ne met pas encore ſa gloire dans le bonheur des ſujets, mais ſeulement à les aſſujettir pleinement; ce qui la doit balancer c'eſt le conſeil de la raiſon, ce qui la doit aider, c'eſt l'intérêt de ſes peuples, reconnu &

conduit par les peuples, réglé & autorisé par la puissance publique.

Le gouvernement Féodal, si fort réclamé par Mr. de Boulainvilliers, & auquel il attribue toute la grandeur de Charlemagne, étoit-il ce que nous venons de dire? dans ce systeme bizarre de gouvernement, la plus grande autorité sur la Nation étoit entre les mains d'un certain nombre de principaux usurpateurs qui avoient sous eux d'autres usurpateurs subalternes. Le degré & la qualité de ces usurpations varioient à tous momens, & comme chacun travaille mieux sur un petit objet que sur un grand, nos Rois avoient bien moins de pouvoir sur leurs grands vassaux, qui se moquoient souvent de la Majesté du Trône, que les petits Seigneurs n'en avoient sur les habitans, & même sur la petite Noblesse de leurs terres; ils en violoient les femmes, & prenoient les héritages impunement, & de ces rigueurs inhumaines sont venus des droits de fiefs si bizarres, & qu'admirent nos studieux Féodistes.

C'étoit donc précisement la loi du plus fort que le droit Féodal dans son origine, rien de limité, jamais uniforme; est-ce là une bonne source? sont-ce là des qualités dignes de le faire regretter, à moins que d'être possédé de sa dignité de noble jusqu'à la folie ?

Pourquoi parmi tant de Philosophes Grecs qui ont écrit sur la politique pour l'approfondir, aucun ne s'est avisé de proposer philosophiquement des systêmes de gouvernement, consistant dans l'autorité d'un certain nombre de Seigneurs subordonnés les uns aux autres par le droit de leur naissance & par la possession de certaines terres ?

Ces Philosophes, ces premiers inventeurs des loix, dans les tems où la vertu étoit en honneur, & chez des Nations si célébres par leurs exploits, ont toujours dit, au contraire, que pour le bonheur d'un Etat, il falloit maintenir l'égalité entre citoyens autant qu'il se pouvoit.

Licurge commença sa législation en partageant également les terres entre chaque habitant, afin qu'elles fussent mieux cultivées, & que l'émulation se tournât plutôt à la vertu qu'à l'opulence.

Il est vrai que la différence des talens en mettra toujours assez entre les fortunes, il y aura toujours des inégalités vicieuses ; mais il est faux de dire qu'il soit à propos qu'il y en ait, & ce n'eſt pas la ſeule occaſion où les raiſonnemens confondent le droit avec le fait, & prennent l'effet pour la cauſe. Il y aura toujours des incendies, mais on s'efforce de les prévenir & de les arrêter comme choſe mauvaiſe : de même ſeroit-il à ſouhaiter pour l'Etat qu'il ne paſſât aux enfans des hommes diſtingués que de quoi vivre noblement, & ſe diſtinguer à leur tour, non par les œuvres d'autrui, mais par les leurs ; toute grandeur, toute fortune innée eſt vicieuſe par rapport à l'Etat & à l'homme même qui s'en félicite mal-à-propos ; il doit voir la fin de ſes talens & le commencement de ſes ennuis.

Les récompenſes ſont dues aux actions & les places à la capacité ; voilà ſans difficulté ce que diſent la raiſon & la juſtice, ſans quoi toute politique n'eſt qu'extravagance. Le pouvoir qu'on reçoit avec la naiſſance ne ſe peut ſupporter que dans la perſonne du Souverain, car le droit ſucceſſif héréditaire a toute une autre raiſon dans ce cas privilégié que l'avantage des particuliers appellés à ſuccéder. Comment les Politiques ont-ils pû jamais prononcer que le droit de commander ſouverainement aux hommes pût

tomber

tomber dans le commerce & s'acquérir véritablement en épousant une fille ? Le droit successif des couronnes n'est qu'une méthode adoptée universellement pour éviter les horribles inconvéniens du droit d'élection. Dans un combat de principes tout droit se tourne au moins dangereux ; c'est ainsi que pour l'élection d'un Roi de Perse, on convint d'obéir à celui dont le cheval feroit le premier hennissement : de même & pas autrement s'est-on donné à celui qui naîtroit le premier d'un tel homme ou d'une telle femme ; & c'est aussi par la même raison, que parmi les différentes regles du droit successif, on a préféré la plus précise à la plus juste, en déférant la couronne aux collatéraux du dernier décédé plutôt qu'à ceux réprésentant les puînés des premiers Rois.

Mais que le droit héréditaire s'en tienne là en fait de commandement sur les hommes, que toute place qui n'est pas assujettie à l'élection n'arrive donc point par droit de raisonnement, on en connoit trop tous les inconvéniens : les hommes subordonnés aux loix n'ont pas besoin d'éprouver en chaque autorité l'imbécillité de l'enfance, la fougue de l'adolescence, la décrépitude de la vieillesse, &

l'ignorance habituelle d'une ſupériorité arrivée ſans choix.

Dès que l'Etat eſt pourvû d'un Roi, c'eſt à lui à pourvoir ſon Etat d'hommes capables de le ſeconder, & par conſéquent tout pouvoir inné ſous un Roi eſt vicieux & réprobable.

Dans les Républiques comme dans les Monarchies, la puiſſance publique eſt une. Tous les ſuffrages doivent ſe réunir à un, & c'eſt de-là que partent les autres pouvoirs ſubordonnés.

Cependant les partiſans du gouvernement Féodal ont vanté avec emphaſe la belle choſe que c'étoit de voir notre Roi commander à une armée de Rois. Effectivement les grands vaſſaux s'étoient fait Souverains, & ceux-ci en avoient d'autres ſous eux juſqu'à l'infini.

Ce n'étoit que confuſion & barbarie de toute part, la violence eſt la ſuite de l'Anarchie, on en vint bientôt à ſe faire la guerre ouvertement des fiefs à fiefs, & cela devint un droit légitime de guerres privées.

Les duels d'homme à homme furent encore mis en régle. On les rangea du nombre des droits de la Nobleſſe, & Mr. de

Boulainvillier, Auteur chrétien, a été jusqu'à regretter les guerres privées, peut-être avec le tems se fût-il réuni contre la défense des duels.

Mais le grand avantage, dit-on, du gouvernement Féodal étoit la facilité qu'avoient nos Rois de lever de grandes armées, & de les faire subsister sans charger les peuples d'impôts: les premiers vassaux amenoient leurs sujets, & obligeoient les arrieres vassaux à conduire les leurs.

Tous les Auteurs ont assez parlé de cette milice brave à la vérité selon le naturel de notre Nation, peut-être même plus vigoureuse qu'aujourd'hui, dans ce tems-là où la nature étoit plus neuve & moins corrompue par la mollesse.

Mais les peuples n'en étoient que plus chargés par le tort qu'une violence autorisée faisoit aux terres & aux habitans qui n'avoient aucun appui où ils pussent recourir.

Ces armées étoient sans discipline, & il n'étoit pas possible de l'y introduire: mais nos voisins n'étoient pas plus policés que nous. Ces troupes arrivoient tard, & se séparoient de bonne heure: on sait que, suivant l'ufage des fiefs, les vaffaux n'étoient obligés qu'à quarante jours de fervice.

Dans le peu qu'il y avoit de regle fur la police des grands fiefs, il fe commettoit une grande injuftice quand l'arriere vaffal répondoit de la félonie de fon Seigneur immédiat; car de quelque côté qu'il fe tournât alors il tomboit toujours en comife, foit à l'égard du fuzerain premier & médiat, foit à l'égard du fecond, de qui il relevoit directement. On ne finiroit point fur les inconvéniens d'un tel gouvernement. Mais la meilleure preuve en eft qu'on l'a quitté, qu'aucune Nation ne l'a chez elle, comme l'entend Mr. de Boulainvilliers : que fi elle en a quelques portions, elle a lieu de s'en repentir, & nous ne la verrons certainement jamais renaître.

CHAPITRE V.

Progrès de la Démocratie en France selon notre Histoire.

ARTICLE I.

Commencement de la Monarchie.

ON ne sauroit attribuer ni avancement ni décadence aux travaux intérieurs d'une Nation barbare ; la guerre, la chasse, le simple nécessaire de la vie firent toute l'occupation des Gaulois & de nos premiers François. La guerre sur-tout a occupé tous les tems de la premiere race : guerres étrangeres contre nos voisins, les frontieres avancées ou reculées, suivant l'habileté de nos Rois ; guerres civiles causées par les partages continuels de la Monarchie entre plusieurs freres ; des actions féroces : peu de Rois Législateurs : voilà tout ce que nous présente notre histoire.

ARTICLE II.

Seconde Race.

LA ſeconde race, plus courte en durée, eut à-peu-près les mêmes mœurs : il fallut une conſiſtance de paix, & même une étendue ſolide à la Monarchie pour connoître l'eſprit de notre gouvernement.

Les Nobles s'éleverent ſous des Rois foibles & fainéans, & formerent le gouvernement féodal, dont je viens de parler ; preſque tout ce qui n'étoit pas de Nobleſſe devint ſon eſclave.

Cependant ſi l'on compare ces tems ſi malheureux d'eſclavage avec notre âge, ſi poli & ſi orné par la raiſon & par les arts, peut-être y trouvera-t-on encore plus de liberté qu'aujourd'hui parmi le peuple : on n'avoit pas rafiné ſur tous les moyens de lever des tributs : on n'oppoſoit pas l'habitant à l'habitant pour accabler le fruit de ſon labeur, non à proportion de ſon profit, mais par une eſpece d'envie, & par un prompt ſurcroît de taxes qui l'engage à l'indigence & à la mal-propreté.

On n'auroit pas multiplié les loix qui gênent les poſſeſſeurs dans la diſpoſition de leurs biens. On n'étoit pas accablé par la chicane : les villes n'étoient pas inondées de privilégiés & de tyrans redoutables par leur crédit. La violence faiſoit quelques maux paſſagers, mais une ſubtile dureté de cœur n'engendroit pas encore les vices que nous voyons, on connoiſſoit peu, on ſe paſſoit de peu.

ARTICLE III.

Troiſieme Race, Louis le Jeune.

L'Amour des ſciences & des arts augmenta inſenſiblement parmi les François ſous la troiſieme race.

Louis le Jeune, dans des circonſtances favorables à cette entrepriſe, rendit la liberté au peuple par des loix qui eurent de grands ſuccès : on devint enfin le maître de choiſir la profeſſion qu'on voulut.

Avant cela il n'y avoit de libre que les

gens d'épée & d'Eglise : les habitans des villes, bourgades & villages étoient plus ou moins esclaves.

Alors les villes n'étoient pas pavées, il n'y habitoit que des Prêtres & des ouvriers, tous les Nobles vivoient dans leurs terres.

Il y avoit des serfs & des hommes de Poëtes, les serfs étoient attachés à la glebe, on les vendoit avec les fonds. Ils ne pouvoient s'établir ou marier, ni changer de possession sans la permission de leurs Seigneurs ; ce qu'ils gagnoient étoit pour lui, & si le Seigneur souffroit quelque nouvelle terre le serf lui rendoit une partie du profit, sur la convention qui se faisoit auparavant. Les hommes de Poëtes dépendoient moins, leurs Seigneurs n'étoient point maîtres de leurs vies ni de leurs biens, ils lui payoient seulement certains droits, & étoient obligés à des corvées.

Les uns ni les autres ne faisoient point corps de communauté, la Noblesse s'y opposoit toujours, ils n'avoient ni juges ni loix ; le Seigneur du lieu étoit la loi & le juge.

L'image de tous ces droits est encore dans le Royaume ; mais la figure de cet ancien esclavage est fort éloignée de sa rigueur & de sa réalité : voilà cependant comme de tout tems la tirannie s'est appropriée les hommes sous prétexte de les gouverner.

Qui eût osé avancer alors que ces droits étoient déraisonnables, qu'ils faisoient tort au corps de l'Etat, qu'ils l'affoiblissoient, qu'il étoit souhaitable de les abolir ? qui eût annoncé que tôt ou tard les progrès de la raison humaine tendroient à ramener les citoyens vers l'égalité ? Que de cris contre un tel prophête ! la Noblesse ne l'auroit-elle pas traité d'ennemi de la patrie ? Ce fut cependant le fruit des croisades ; les grands Seigneurs, fort épuisés par la dépense de ces dévotes folies, ainsi que par celle des tournois & des cours plénieres, sentirent le besoin d'argent. Louis VII. leur favorisa le moyen d'en avoir, & ce moyen fut d'accorder aux villes & aux bourgs la faculté de se racheter pour de l'argent.

On ne dira pas que ce fut par un grand trait de politique que ce Prince fit faire ce pas à la Démocratie sur l'Aristocratie ; mais la Monarchie fut elle même ce qui lui étoit bon sans l'avoir réduit en principe, parce que la justice l'emporte tôt ou tard, qu'elle eſt le ſeul principe du véritable intérêt des hommes, & que leurs propres paſſions y ramenent : l'on verra en effet quels ſuccès ſuivirent cet affranchiſſement tant pour l'autorité Royale que pour la richeſſe de l'Etat.

La dépendance des perſonnes ceſſa donc, & les droits qui tomboient ſur les hommes, ſe léverent ſur les maiſons & ſur les fonds.

L'affranchiſſement ne fut pas d'abord univerſel, mais en peu d'années, diſent nos Hiſtoriens ; le bon effet s'en fit ſentir tant pour les maîtres que pour les affranchis : tous donc ſe racheterent, & on ſe mit à cultiver les terres avec un eſprit de propriété qui répandoit dans le Royaume une abondance inconnue, ainſi les Seigneurs gagnerent des fonds & des revenus.

Peu-à-peu les villes & les bourgs achéterent les privileges de choiſir un maître & des échevins, & c'eſt-là l'époque de la premiere police de France.

Cette permiſſion d'avoir Echevinage étoit confirmée par le Roi, on ne manquoit pas de la lui démander quand on étoit bien conſeillé afin d'en jouïr avec plus de ſolidité, autrement il y auroit eu des grands Seigneurs qui l'auroient revendu pluſieurs fois.

Alors le peuple, devenu tout-à-fait libre, demanda des loix ; chaque Seigneur en donna, chaque communauté, plus ou moins affranchie, s'en donna à elle-même : de-là nous vient cette multitude de coutumes qui sont dans le Royaume.

Les nouveaux affranchis, pour s'égaler aux Ecclésiastiques & aux Nobles, voulurent aussi être jugés par leurs Pairs ; on leur en donna donc de la même condition que les justiciables, & dans plusieurs endroits ils se qualifioient de peres bourgeois.

On remarque que ce changement fut fort avantageux au Royaume. Les Historiens contemporains dans le XIII. & XIV. siecle en font des descriptions touchantes. Les villages, disent-ils, se multiplierent, on ne vit plus de terres incultes ; le paysan, devenu maître de son industrie, se rendit fermier des terres que son Seigneur négligeoit auparavant, il prit à cens ou à champart celles qu'il avoit ci-devant cultivées comme esclave, les villes devinrent plus peuplées, les habitans s'y adonnerent aux arts & au commerce. Jusques-là les François s'étoient peu mêlés du négoce, tout se faisoit par les étrangers qui enlevoient ce qu'il y avoit d'or dans le Royaume, & y apportoient quelques curieuſes bagatelles ſelon ce tems-là.

Cet abus commença alors de ceſſer, on ſe mit à réflechir ſur ſes intérêts, les réflexions ne ſont de ſaiſon que lorſqu'on eſt en liberté d'agir en conſéquence. On s'adonna donc à la navigation & au commerce & on commença à fabriquer en France ce qui étoit le plus à portée de nos beſoins : on vit par la ſuite un Jacques Cœur ſous Charles VI. & Charles VII. pouſſer l'habileté & le ſuccès dans le commerce auſſi loin qu'aucune des nations étrangeres eût encore fait. Les François vont rapidement dans tout ce qu'ils entreprennent ; ils n'ont à craindre que le relâchement qui ſuit les plus grands ſuccès, non par un véritable découragement, mais par laſſitude de leurs propres idées.

Monſieur de Boulainvilliers a fait une peinture toute différente des ſuites qu'eut l'affranchiſſement des ſerfs, il intitule cet article *Déſordre que cauſa l'affranchiſſement des ſerts*, & dans le détail, il n'y trouve cependant d'autre déſaſtre que la diminution du crédit des Nobles, la réſiſtance des habitants à leurs Seigneurs, quelques procès que des roturiers oſerent intenter à des Nobles, le recours qu'ils eurent insolemment au Trône & par-là l'intervention des Rois dans les affaires entre les Nobles & les paysans, désordre, dit-il, qui est parvenu à l'excès où nous le voyons, & où nous le ressentons.

Ce qu'il y a de plus juste & de plus nécessaire paroît injuste à des yeux prévenus; d'un autre côté tous nos historiens qui n'ont pas les mêmes raisons de se prévenir, font de longues énumerations des progrès du gouvernement populaire en France, & je ne fais que les copier ici: peut-être ces endroits de notre histoire ne sont-ils pas assez connus ni assez remarqués.

Ils ajoutent en suivant l'ordre des tems, que par l'effet de cette même liberté rendue aux peuples, les villes s'enrichirent & devinrent bientôt si puissantes que pour les faire contribuer avec moins de répugnance aux dépenses de l'Etat on commença à les appeller par députés aux assemblées générales, voilà l'origine du tiers Etat, qui certainement n'avoit pas été connu jusqu'alors dans les délibérations nationales.

En 1304 les députes des villes y entrérent pour la premiere fois, & ce ne fut cette premiere fois que pour répréſenter leurs beſoins & la reſtriction de leurs facultés.

Ce premier honneur couta cher au peuple: on admit enſuite plus ou moins de députés ſelon les ſommes dont les villes & les communautés contribuerent dans les néceſſités publiques. Une admiſſion ainſi répetée devint ordinaire & enfin de droit indiſpenſable, & voilà bien de quoi faire crier Mr. de Boulainvillers ſur l'inſolence qu'eurent alors les roturiers de concourir avec les Seigneurs aux plus grandes délibérations & de ce qu'ils ne ſe contenterent pas d'y contribuer de leur argent.

Car bientôt après cela il n'y eut plus d'Etats géneraux du Royaume ſans le tiers Etat, & par la ſuite les députés étant très-nombreux, ils eurent autant & plus de pouvoir que ceux du Clergé & de la Nobleſſe; ces deux ordres ayant admis le troiſieme à avoir voix délibérative tout comme eux.

C'eſt véritablement à cette tolérance que commença l'époque de la grande chûte de la Nobleſſe & du pouvoir Féodal en France; l'accroiſſement de l'autorité de nos Rois a fait le reſte: ce qui nous prouve, quoiqu'on en diſe, que la Démocratie eſt autant amie de la Monarchie que l'Aristocratie en est ennemie.

La prospérité du peuple enrichit le Monarque, & il a toujours fallu à la Noblesse quelque grande cause de ruïne pour la porter à céder à l'autorité Royale & au bien commun du Royaume.

ARTICLE IV.

Charles VII.

S'IL fallut comme nous l'avons dit sous Louis VII. les dépenses des croisades & les cours plénieres, il fallut sous Charles VII. les guerres des Anglois pour continuer le premier abaissement de la Noblesse.

On sait que ces guerres civiles mirent le Royaume à deux doigts de sa perte. Charles VII. eut bien de la peine à se soutenir dans le commencement de son regne; mais il arrive toujours que de pareilles difficultés surmontées rendent ensuite la condition du Prince meilleure qu'elle n'étoit avant l'orage.

Un Roi est considéré comme l'heureux

conquérant de son Royaume quand il a terminé une révolte générale.

Aussi Charles VII. devint-il plus absolu que Charles V. son ayeul, quand il eut enfin chassé les Anglois & les Bourguignons

Il arriva alors que le Clergé & la Noblesse ruinés par un guerre civile qui duroit depuis longtems, lui laisserent sans résistance changer tout ce qu'il voulut & plus d'usage de la Monarchie.

Il abolit les cours plénieres qui ruinoient également le Fisc & la Noblesse; mais qui rassemblant les Seigneurs tous les ans, les rendoient plus puissants dans les affaires de l'Etat, & plus autorisés dans leurs terres quand ils y retournoient. Plus de tournois qui rappelloient les guerres privées.

Les Ministres de Charles VII. profiterent de l'accablement général, & avec le beau prétexte de le réparer ils changerent tout l'ordre des finances, de la guerre & de la justice ; ils attribuerent tout au Roi & ils ôterent à la Noblesse l'usage de cent privileges attribués à leurs titres; l'autorité Royale trouva bien mieux son compte avec les roturiers, dit Mezeray.

On devroit bien plutôt dire que c'est la fin

fin du regne de Charles VII. qui a mis nos Rois hors de page que celui de Louis XI. Celui-ci profita plus de l'effet de cette époque qu'il ne l'a opéré lui-même.

ARTICLE V.

Louis XI.

Louis XI. alla brusquement à la source des résistances qu'il éprouvoit. Il eut à faire à de trop grands Seigneurs. De tous côtés les appanages des Princes du sang approchoient plus alors du droit de Souveraineté que d'une simple possession domeniale & honorifique comme ils sont aujourd'hui. Ainsi leur donner pour subsister la Normandie, ou la Guyenne, c'étoit faire revivre au milieu de la Monarchie autant de Souverainetés plus dangereuses que celles qu'on avoit éteintes depuis trois siecles ; cependant soit bonheur soit conseil, Louis XI. surmonta tous ses rivaux avec une adresse peut être un peu trop déliée pour un Roi François ; il avoit trop montré son dessein de regner arbitrairement ; mais enfin il en vint à bout.

ARTICLE VI.

Charles VIII. Louis XII. François I. & Henry II.

SOus les quatre regnes qui ſuivirent, les guerres d'Italie & leurs ſuites épuiſérent le Royaume d'hommes & d'argent.

Louis XII. marqua plus ſa bonne volonté à ſes ſujets qu'il ne la rendit efficace pour leur bonheur.

L'autorité Royale avoit fort étendu ſes bornes, mais elles tenoient encore du moins à des formes extérieures de liberté qui achevent aujourd'hui d'expirer & dont toute l'extinction peut-être n'eſt pas deſtinée à nous faire grand bien ou grand mal. Les dernieres aſſemblées des Etats généraux ſont en 1614 & 1615. Il y a eu depuis quelques aſſemblées de notables. On aſſembloit toujours les Etats généraux dans les grandes occaſions, & on ne les a plus vu depuis environ cent ans. A cette aſſemblée tumultueuſe a ſuccédé l'aigreur importune des Parlemens ſédentaires qui montrent ſeulement aux peuples qu'ils ſont eſclaves ſans diminuer en rien le poids de leurs chaînes.

Mais il réſulte de ces légeres contradictions une maniere de lever les ſubſides la plus miſerable qu'il y ait au monde; elle ſe réduit véritablement à ce principe trivial de plumer la poule ſans faire crier : on négocie donc en finance comme en politique. Les négociateurs ſont nommés traitans, maltotiers ou donneurs d'avis. Cela a compoſé une eſpece de nouvel ordre dans le Royaume, avec un ſavoir fort étendu & malheureuſement trop écouté dans l'adminiſtration intérieure. On prétend que nos premiers financiers ſont venus d'Italie. Le voyage de Charles VIII. les autres guerres d'Italie & ſur-tout Catherine de Médicis remplirent le gouvernement François d'Italiens, dont on a pris la ſoupleſſe pour l'habileté.

Les premiers traitans furent regardés du peuple comme de mauvais Chrétiens, qui auroient embraſſé le Judaïſme ; à la fin on s'y eſt accoutumé juſqu'à y ſuppoſer de l'honnêteté & à rechercher leur utile alliance.

ARTICLE VII.

Vénalité des charges.

Le premier fruit de cet art financier jusque-là inconnu en France, fut la vénalité des offices & cela commença sous François I.

Il est étonnant qu'on ait accordé une approbation générale au livre intitulé *le Testament politique du Cardinal de Richelieu*, ouvrage de quelque pédant Ecclésiastique & indigne du grand génie auquel on l'attribue, ne fût-ce que pour le Chapitre où on canonise la vénalité des charges ; misérable invention qui a produit tout le mal qui est à redresser aujourd'hui & par où les moyens en sont devenus si pénibles ; car il faudroit deux ou trois fois les revenus de l'Etat pour rembourser seulement les principaux Officiers qui nuisent le plus.

Tout ce que j'ai dit du mal qu'a fait l'usurpation des fiefs n'est rien en comparaison des mauvais effets de la vénalité des offices ; elle a empêché ces heureux progrès de la Démocratie que nous venons d'admirer sous les regnes qui ont été exempts des guerres civiles.

En s'étendant ſous les regnes qui ont ſuivi François I. juſqu'à préſent, ſemblable à un principe de corruption qui infecte la maſſe du ſang, elle a détruit en France toute idée du gouvernement populaire.

Qu'on ne diſe plus que l'autorité Royale doit coopérer à la Démocratie qui lui eſt ſubordonnée ; car on trouvera que ces deux autorités ſouffrent également du même mal dans la vénalité des charges, ce qui prouve leur accord pour la communauté d'intérêts.

Par-là le Roi a aliéné pour toujours la plus belle de ſes prérogatives, qui eſt le choix de ſes Officiers.

L'hérédité tranſmet des peres aux enfans le pouvoir qu'il leur communique ſous la condition d'un agrément preſque forcé. L'amovibilité de l'Officier qui ne pouſſe pas la prévarication juſqu'à la groſſiereté n'eſt plus dans la main Royale, il faut lui faire ſon procès, & que ce procès ſoit inſtruit & jugé par la compagnie dont eſt l'accuſé, & l'intérêt de ces compagnies s'eſt placé davantage dans l'indépendance que le dans le zele du bien public.

Par-là peu de fautes font punies, peu de défauts font corrigés, quoique les délits de ceux qui doivent l'exemple foient des crimes par leur conféquence pour la Société.

Par-là on voit de tous côtés négligence & infidélité dans la chofe publique, en un mot tous les mauvais effets qui fuivent une propriété mal acquife dans l'origine & dans l'inftitution.

Voilà donc encore une efpece de gouvernement inconnu aux anciens & qui nous étoit réfervé en échange du monftrueux gouvernement Féodal: celui-ci avoit du moins une fource annoblie par le mérite des premiers Auteurs; ils fe maintenoit par la violence ouverte qui fuppofe toujours force & courage; il fe foutenoit par une éducation diftinguée entre les autres citoyens, & il élevoit l'autorité des hommes plus ou moins illuftres par leur naiffance.

La vénalité des charges a la plus baffe de toutes les origines, qui font l'avarice, l'argent & la cupidité. Qu'on fe rappelle tout ce que la morale nous prêche contre le defir infatiable des richeffes & que l'on juge de-là de ce que la vénalité doit influer fur les mœurs françoife: ce n'étoit pas affez à l'argent de procurer des commodités infinies, il eſt devenu aujourd'hui la voye de tout honneur dans le monde.

Le gouvernement Féodal ne perpétuoit ſon uſurpation que dans les familles & la plus part des ſuſerainetés retournoient à la Couronne après l'extinction des mâles; mais par la vénalité tout s'achete : l'étranger devient ſucceſſeur de l'officier qui lui vend à prix d'argent; les nouvaux riches apportent & joignent leurs nouvelles baſſeſſes au défaut de ceux qui ſe dépouillent par beſoin : l'aliénation d'autorité n'eſt pas moindre dans cette eſpèce de gouvernement que dans le Féodal, quoique la poſſeſſion en ait l'air un peu plus préçaire; c'eſt un orgueil rampant qui a des fondemens peut-être plus ſolides que l'uſurpation forcée, car on ne ſait par où l'attaquer, on y a intéreſſé la conſtitution du Royaume, l'unanimité, la liberté publique, les droits étroits de la juſtice.

Par cette opiniâtre aliénation des offices tout ſuffrage du peuple dans ſa cauſe a été plus écarté que ci-devant; car les intelligences qui veillent aujourd'hui à l'écarter ont été multipliées à l'infini & ſe ſoutiennent réciproquement.

Le premier objet d'un Officier à titre patrimonial est d'attribuer à son office tout le pouvoir & les prérogatives dont il est susceptible ; l'objet des fonctions ne vient qu'en sous-ordre & arrive rarement.

Cette aliénation de la puissance publique a de plus accoutumé insensiblement à toutes les injustices qu'on puisse exercer en matiere de choix d'Officiers. On cesse d'être surpris de voir en place des gens qui n'ont aucune capacité, les survivances sont devenues de droit commun & tous les abus régnent également dans le peu de choix libres qui restent au Roi, comme dans ceux qui ne requierent qu'un agrément de formalité.

La vénalité a commencé par les Magistratures de justice dont il semble cependant que l'exercice est une espece de sacerdoce aussi respectable & aussi peu propre aux pactes simoniaques que la jouissance de revenus Ecclésiastiques qu'on s'éfforce avec tant de soins d'exempter de cette tache; cet abus a passé de-là aux fonctions de police, & enfin il s'est emparé de tout sous Louis XIV. comme nous l'allons dire.

Ce progrés suivi dans un ordre aussi peu raisonné, prouve bien que ce sont les mauvais conſeils & non la ſaine Politique qui ont toujours préſidé à l'établiſſement de la vénalité, quoiqu'en puiſſe dire l'Auteur du Teſtament Politique du Cardinal de Richelieu.

Ce progrès n'a pas été d'un pas égal, il s'eſt ralanti dans des tems; mais on ne voit pas qu'il y ait jamais reculé, par la difficulté qu'il y a d'employer des fonds conſidérables pour rembourſer des officiers dans un Etat aſſez obéré pour avoir recouru à un expédient ſi déteſtable.

ARTICLE VIII.

Henri IV.

APrès les guerres d'Italie, vinrent en France les guerres civiles de Religion. Il eſt à remarquer que pendant les guerres étrangeres, il n'arrive de changemens au gouvernement que ceux qui ſont inſpirés par le beſoin d'argent; l'autorité Royale y eſt plus Souveraine, elle chaſſe le mauvais levain au dehors, mais de tels avantages ne ſont que des maux & non pas des remedes. Pendant les guerres civiles au contraire l'autorité plie, mais l'Etat s'epuise moins & on n'en sort que par quelque changement dans la forme du Gouvernement, soit altération, soit augmentation à l'autorité Royale.

Un Regne à jamais mémorable interrompit en France les troubles du Calvinisme, ce fut celui d'Henri IV. Les intentions & l'activité de ce Prince & de son conseil furent telles que des plus mauvaises dispositions on en tira de grandes choses. Sans déraciner l'hérésie par violence, on la calma, on endormit sa voix sinistre. Sans aucun avantage marqué sur nos voisins, la France gouverna l'Europe, & sans renverser la forme du gouvernement, quelque imparfaite qu'elle fût alors, on y ramena promptement l'ordre & l'abondance; tant chaque notion, tant chaque mesure du Ministere étoit juste & droite. Que n'eût pas produit un tel Regne dans des tems plus heureux, par exemple aujourd'hui, & dans un gouvernement mieux constitué!

L'Abbé de Marolles a fait des mémoires où il dépeint naïvement le tems de son jeune âge. En lisant l'endroit que je cite, on croit voir l'âge d'or, & il eſt vrai que s'il a jamais exiſté en France, c'eſt ſous Henri IV.

.... Quis talia fando
Temperet à lacrimis! ......

„ L'idée qui me reſte de ces tems-là me
„ donne de la joye. Je revois en eſprit la
„ beauté des campagnes. Dès lors il me
„ ſemble qu'elles étoient plus fertiles qu'elles
„ n'ont été depuis, que les prairies étoient
„ plus verdoyantes qu'elles ne ſont à pré-
„ ſent, que nos arbres avoient plus de fruits.
„ Il n'y avoit rien de ſi doux que d'enten-
„ dre le ramage des oiſeaux, le mugiſſement
„ des bœufs, & les chanſons des Bergers. Le
„ bétail étoit mené ſûrement aux champs &
„ les laboureurs verſoient les guérets pour y
„ jetter du bled que les leveurs de tailles
„ & les gens de guerre n'avoient point ra-
„ vagés. Ils avoient leurs meubles & leurs
„ proviſions néceſſaires, ils couchoient dans
„ leur lit. On voyoit par-tout une propreté
„ bienſéante. L'éloignement du grand mon-
„ de n'abbatoit point le cœur, & ne rendoit
„ point la Nobleſſe plus groſſiere On en-
„ tendoit des concerts de muſettes, de flu-
„ tes, de hautbois; la danſe ruſtique duroit

„ jufqu'au foir; on ne fe plaignoit point „ comme aujourd'hui des impofitions né„ ceffaires & exceffives, chacun payoit fa „ taxe avec gayeté. Telle étoit la fin du „ régne du bon Roi Henri IV. qui fut „ auffi la fin de beaucoup de biens & le „ commencement d'une infinité de maux, „ quand une furie enragée ôta la vie au „ Prince. "

ARTICLE IX.

Louis XIII.

LA France retomba bientôt en effet, fous la minorité & la longue foibleffe de Louis XIII, dans les troubles de l'Ariftocratie & de la Monarchie mal-entendue. On prétendit vaincre l'héréfie en troublant les confciences & par la force extérieure : les hérétiques crurent de leur côté s'affurer la liberté de la confcience en fe révoltant contre le Souverain & en fe fervant des tirans politiques qui fe mirent à leur tête, & n'appuyoient leur révolte que pour la faire durer. Une haine aveugle contre le regne précédent, l'empire des favoris & l'insatiable avidité des Grands épuiserent bientôt l'épargne du sage Henri, & toutes les ressources des finances.

Enfin un favori mieux choisi que les autres répara ces désordres, & si nous prétendions ici prodiguer ses louanges, nous puiserions aisément dans l'abondante source de cette spirituelle Academie qui le reconnoît pour son fondateur.

Richelieu travailla au dedans à calmer les troubles dans leurs causes, & au dehors, à abaisser les ennemis de l'équilibre Européen.

Ce qui calme les maux sans les guérir ne s'appelle que palliatif, les véritables remedes vont à la racine du mal; ainsi on ne doit honorer du beau nom de pacificateurs que les génies politiques, qui, comme Richelieu, attaquent les désordres dans leurs principes. Au dedans il eut à rétablir l'autorité monarchique ébranlée & affoiblie; au dehors il eut à restituer à la réputation de notre Couronne tout ce qui doit lui appartenir par son poids. Il lui faut attribuer tout l'honneur de ce que des Alliés puissans & aigris firent pour ruiner la maison d'Autriche.

Richelieu, continuellement occupé de

guerres, eut aſſez de courage pour ne rien faire de contraire à la bonne œconomie; il ſoutint le fardeau habilement, mais il laiſſa à d'autres Miniſtres les ſoins meilleurs du commerce & de l'abondance.

Il eſt à remarquer ici que le peu d'autorité dont jouiſſoient alors les Gouverneurs des provinces & des places frontieres, formoit une maniere de gouvernement approchant de celui des grands vaſſaux ſous Hugues Capet.

Qu'on laiſſe aller en France la foibleſſe de la Monarchie ſous certains regnes qui ne viennent que trop ſouvent, elle retourne toujours à ſes mêmes vices: uſurpation par les gens puiſſans, hérédité & attribution des droits régaliens. Les Gouverneurs, dont je parle, maîtriſſoient les peuples par les troupes qu'ils commandoient; ils flattoient la Nobleſſe en lui paſſant la tirannie dans ſes terres; ils tiroient de l'argent du tiers Etat par crainte de violence, & du Clergé par ſes beſoins. Au milieu des hérétiques armés ils étoient chargés de la ſubſiſtance des troupes de leurs départemens, & ſous ce prétexte ils s'enrichiſſoient prodigieuſement, & étoient les maîtres de toutes les petites armées qui étoient à leurs ordres.

Un Lesdiguieres, un d'Epernon, mécontens de la cour, alloient se faire craindre dans leur gouvernement.

On prétend que le Cardinal de Richelieu avoit ses projets tout médités & tout prêts quand il arriva au Ministere. Tels furent principalement ceux d'abaisser la maison d'Autriche en lui attirant des ennemis qui montrassent que sa puissance n'étoit que grandeur sans force, d'extirper l'héréfie & d'abaisser la Noblesse en France. Si cela est vrai, jamais il n'y eut de plus grand génie au monde; car dans ces vastes opérations politiques les moyens ne semblent naître ordinairement que de l'exécution même & de la pratique.

Il avança beaucoup tous ses desseins, mais le regne suivant entrant dans la même carriere, est parti des mêmes progrès, & les a poussés beaucoup plus loin.

ARTICLE X.

Louis XIV.

Il semble même que Louis XIV, aidé de Ministres habiles & hautains, ne soit jamais forti des vûes de Richelieu, & qu'après les avoir accomplies, il ait encore voulu paſſer le but, auſſi fécond dans ſes moyens que ſtérile dans les objets politiques qu'il auroit pu ſe propoſer.

On prétend donc qu'il ait chaſſé trop précipitement les Huguenots en révoquant l'édit de Nantes & en exécutant trop violemment cette nouvelle loi; d'autres ont aſſez dit quels maux cela a cauſé au Royaume.

Il a ôté l'Eſpagne & les Indes à la maiſon d'Autriche, & les ayant fait entrer dans ſa maiſon, il a attiré à la France une jalouſie univerſelle, qui ſe renouvellera ſouvent & à chaque avantage qu'elle obtiendra de la fortune.

Il a ravalé les Grands juſqu'à leur ôter le courage & l'émulation de ſe diſtinguer.

La Nobleſſe eſt ruïnée juſqu'à ne pouvoir plus ſubſiſter que par des méſaillances, & autres démarches qui l'aviliſſent.

Les peuples ſont ſoumis au point de n'avoir pas la force de connoître où ſont leurs véritables intérêts, ils baiſent les fers dont ils ſont enchaînés.

Ce qui ſauva la France pendant les guerres civiles de la minorité de Louis XIV. appartient

partient à la politique. La grande foiblesse de la Monarchie d'Espagne, & les amis que Richelieu nous avoit laissés en Allemagne empêcherent l'Empereur & le Roi Catholique de profiter de nos divisions; nous fimes la célebre paix de Munster tandis que l'Angleterre elle-même étoit agitée de factions tragiques.

Ainsi nos troubles ne furent que passagers, ils suspendirent nos avantages au dehors & ne ruïnerent rien au dedans; l'autorité Royale reparut comme un soleil qui a écarté les tempêtes.

Elle fut portée par un Prince digne en tout de cet auguste caractere; dès qu'il parut lui-même, toute obéissance devint esclavage: les sujets se seroient dévoués devant sa présence comme ceux du Vieux de la Montagne. * L'autorité n'eut donc plus à travailler pour elle-même, mais seulement pour la gloire du Monarque, & il ne s'agissoit que de connoître parfaitement en quoi elle consiste.

Il disoit, & tous se faisoit. Il voulut les arts; son regne devint celui d'Auguste; lors-

* Histoire de St. Louis.

qu'il voulut conquérir, ses troupes étoient celles d'Alexandre : quand il marqua faire cas de la vertu, il trouva des Joseph, des Aristides, des Emiles, dans des Colberts, Turenne & Catinat.

Je le repete, quand on critiquera son regne, qu'on s'en prenne aux vices & non à l'exécution.

Son idée de la gloire n'étoit pas assez rectifiée par la Philosophie, elle tenoit trop à l'homme & au tems ; quoique ces tems ne soient pas reculés, nous nous trouvons cependant avoir fait depuis de grands progrès, universellement en morale & en politesse ; quelques revers y ont contribué. On blâme aujourd'hui des desseins qu'on admettoit, il y a 60 ans, tel que celui d'exciter l'Angleterre & la Hollande à s'entredéchirer pour avoir le loisir de conquérir la Flandre sur l'Espagne, ou de châtier les Hollandois en les noyant tous. *

Sous Louis XIV. † notre gouvernement s'est tout à fait arrangé sur un nouveau systême, qui est la volonté absolue des Ministres de chaque département; l'on a abrogé tout ce qui partageoit cette autorité.

* 1665. † 1672.

Les troupes étant ſoldées par le tréſor Royal, les Officiers recevant leur caractere & leurs ordres en droiture de la cour, l'autorité des gouverneurs de provinces eſt devenue à rien, ce titre ne couvre plus qu'un vain nom & ſe réduit à une penſion tirée ſur le tréſor Royal. Ainſi la cour a pris toute la reſſemblance de ce que le cœur eſt dans le corps humain, tout y paſſe & y repaſſe plusieurs fois pour aller circuler aux extrémités du corps.

Les conſeils ne ſont encore qu'un pouvoir de nom; il n'y paſſe que les plus chétifs objets de délibération, & tout cet eſprit eſt véritablement celui de la Monarchie, promptitude, expédition, unanimité.

Le département qui a le plus gagné eſt celui des finances. Il n'y a à proprement parler que deux grands Miniſteres en France, celui des affaires étrangeres & celui des finances; à celui-ci ſe ſont réunis toute police générale, commerce, circulation d'argent, banque & toute la fortune des particuliers; ainſi l'hiſtoire des progrès de la Mornarchie en France dépend, depuis Mr. Colbert, de l'hiſtore des Miniſtres de la Finance.

La cauſe de ces ſurprenantes attributions

n'eſt pas louable ; on pourra dire que ce Monarque n'a ſongé qu'à avoir de l'argent, puiſqu'il n'a vû le bonheur de ſes ſujers que par les yeux de ſon grand treſorier, & ce reproche n'eſt malheureuſement que trop fondé.

Mr. Colbert ſe trouva aſſez grand pour ſonger à la fois aux deux objets de ſon Miniſtere ; ſes ſucceſſeurs n'ont pas donné la même étendue à leurs ſollicitudes.

Ses ſoins étoient donc partagés entre la prodigalité & l'œconomie. Il falloit beaucoup recouvrer pour beaucoup dépenſer, & prévoir encore l'extraordinaire des dépenſes a tenir & améliorer le théatre de tant de ſcenes oppoſées, il fournit à tout cela : ce qui doit le ranger véritablement au nombre des hommes extraordinaires.

Par les travaux de Colbert on établit & on perfectionna en peu de tems en France les arts qui étoient auparavant inconnus. Il découvrit aux François leur grand talent pour les beaux arts, ainſi que pour tout ce qui étoit du reſſort du goût & des graces ; nous y ſurpaſſâmes bientôt les autres nations : cette ſupériorité nous en eſt reſtée, ce qui prouve bien qu'elle nous étoit acquiſe par la nature & qu'il ne s'agiſſoit que de la mettre en valeur. Il encouragea le commerce, il fut le Mecene des belles-lettres.

Mais tout cela appartient plutôt à l'ornement d'une nation qu'à l'essence du gouvernement dont je traite ici. Colbert chargé de lever beaucoup de deniers pour les guerres & pour les bâtiments, trouva le secret de ne choisir que les moyens de finance les moins onéreux & qui décourageoient le moins l'agriculture.

Par-là les richesses aportées du dehors, l'état de la cour & la gloire du regne répandirent dans le Royaume un encouragement qui approche des bienfaits de la liberté quoiqu'il ne soit pas si profitable.

Louis XIV. vouloit de nouvelles sommes, Colbert mettoit de nouveaux impôts & se faisoit haïr de la populace. Les impôts portoient sur la consommation, ou sur l'usage des choses de luxe. Il avoit des principes fixes dont rien ne le faisoit départir autant qu'on le laissoit le maître. Sur la fin de son Ministere, les courtisans persuaderent au Roi que les impôts faisoient crier & que les créations des rentes sur la ville faisoient plaisir à tout le monde.

Colbert représenta que ces nouvelles charges accableroient ſans reſſource le fiſc & le crédit Royal, & que tout l'argent deſtiné au commerce s'y abſorberoit ; on lui réſiſta, on le voulut, & ce fut là l'époque de la miſere.

Sous ſes ſucceſſeurs on profita du bon état où il avoit mis le Royaume pour continuer les mêmes dépenſes, mais on le ruina par des moyens nouveaux & auſſi mal-choiſis que les ſiens étoient profonds & ménagés.

Les deux ſucceſſeurs de Colbert & ſurtout le ſecond, *amicus Plato, amicus Socrates, ſed magis amica ſalus patriæ*, bons courtiſans & gens faits pour leur propre bonheur, ne chercherent qu'à fournir au Roi les ſommes qu'il voulut, par les voyes les plus promptes & les moins capables de leur attirer des plaintes.

Il faut ſe rappeller ſur cela ce que j'ai dit de François I. On pouſſa fort toute la ſcience financiere, & tout a ſuivi le même train juſqu'à la paix générale. *

Un homme ſans expérience & ſans eſprit ſuccéda à Mr. de Pontchartrian, il s'abandonna aux expédients les plus ruineux & les plus indécents.

Mr. Deſmarets ne put déployer ſes talens

* 1714.

que par une plus habile excroquerie que les autres & par une méthode plus impofante pour vaquer à ce qu'on appelle *fe ruiner avec ordre.*

Entre la paix générale & la mort de Louis XIV. il fe préparoit des remedes aux maux du Royaume; la régence, le fiftême & ce qui a fuccedé ont tout gâté davantage, & n'ont travaillé à rien de fuivi. Le meilleur de ces derniers tems, (digne de faire encore mieux par la vertu qui y préfide) a été celui où l'on a le moins innové, & c'eft fans-doute ce qui s'écrie fi fort contre toute innovation en bien comme en mal; mais pour fe décider là-deffus il faut confidérer deux chofes; tout va-t-il bien? le mal n'augmente-t-il point en avançant?

Qu'on faffe remonter cet examen à la mort de Mr. de Colbert, qu'on parcoure les états de finances, qu'on compare le prix & l'abondance des denrées, qu'on entre dans le détail des fortunes particulieres, qu'on interroge les anciens fur l'état de la campagne d'alors & qu'on le rapporte à celui-ci; on reviendra fans doute de cette mauvaife réfutation aux plaintes de la mifere, en difant qu'on a toujours parlé de mifere.

On verra aisément la diminution de la culture, de la peuplade des bestiaux, des bâtimens de campagne & de l'argent qui doit circuler dans les provinces pour le commerce intérieur.

On se plaint souvent, par exemple, dans les grandes terres, du trop grand nombre de métairies à y entretenir. Il faudroit s'imaginer qu'anciennement chacun vivoit dans son bien & qu'y ayant alors beaucoup de riches habitans, il n'y avoit pas encore assez de bâtimens dans la campagne; nous montrerons par cette plainte que nous tombons dans un état de désertion, où les grands terreins deviennent à bon marché étant cultivés par peu de monde. Chacun sait la peine qu'on a aujourd'hui à trouver des fermiers, & qu'il n'y a plus ce qu'on appelle coqs de paroisse.

On sauroit par une bonne Histoire des Finances, dont je ne voudrois que cette utilité & non de satisfaire une vaine curiosité & une stupide admiration, on sauroit, dis-je, à quel point les tailles & le sel sont augmentés.

On descendroit dans le détail des vexations pour le recouvrement d'une nouvelle taille bien pire que la premiere. On étudieroit par quelle méthode s'impose la taille arbitraire, tarif des autre impositions & qui n'a d'autre proportion que la vengeance & l'envie, ou la fatalité qu'il y a de demander à celui qui paye le mieux. On verroit par qu'elle monstrueuse politique on joint les fonctions de Magistrat à celles de Financier sur la tête du collecteur, & on seroit effrayé de voir que les contributions aux ennemis se levent avec autant de douceur & de charité que le contingens, que le pere de la patrie exige, avec inhumanité.

Enfin on n'ignoreroit aucuns des moyens que les financiers ont exécutés pour tirer de l'argent du public, non par des voyes de ménagement apparent, mais de ruine fondamentale pour la nation, tels que les changements de monnoyes, l'illusion des faux billets de crédit, les doubles assignations, & sur-tout les créations des charges & leur vénalité, dont j'ai tant parlé. Rien n'a été oublié sous cette époque & on sait que cela a été poussé jusqu'au ridicule excès qu'on eût pu faire des armées de Conseillers du Roi. On les a exemptés de tous impôts & le même fardeau ôté de dessus les épaules les plus fortes a retombé sur les plus foibles.

Le gouvernement vénal a donc été poussé à l'extrême depuis la mort de Mr. de Colbert, toutes les fonctions, tout suffrage ont été ôtés aux gens du peuple. C'est par exemple un monstre indéfinissable, qu'un Maire, ou un Echevin vénal Officier du Roi. Il doit être l'homme du peuple, ou il n'est rien.

CHAPITRE VI.

Dispositions à étendre la Démocratie en France.

MAlgré tout ce que je viens de dire on peut espérer aujourd'hui plus que jamais la réforme salutaire dont il s'agit.

Le regne n'est plus ambitieux, conquérant; l'Europe même ne renferme que de moindres ambitions comparées à celles qui ont causé les dernieres révolutions: les mœurs en général ont acquis plus d'égards & d'humanité.

La Religion & l'honneur touchent à la

vertu qui éloigne les passions tumultueuses. Peut-être ne cherche-t-on encore le bien qu'avec foiblesse, mais il se peut trouver par des voyes si simples qu'il sera embrassé, s'il n'est pas saisi, & il s'accomplira par des moyens lents, mais suivis. Chacun agit suivant ses fins avec plus ou moins d'ardeur & d'habileté. Les fausses démarches dont on s'étonne viennent du choix des faux objets dont on ne s'étonne jamais assez. Un homme parvenu depuis peu à un rang qui ne sembloit pas lui être déstiné, n'est occupé que des honneurs dûs à ce rang, il en méconnoit les douceurs, il ne jouit pas, il acquiert encore.

L'autorité despotique a occupé ainsi presque tous les Rois de la terre. Ils ont disputé entre eux à qui gouverneroit telle Province; ils ont disputé avec leurs sujets s'il les gouverneroient avec plus ou moins d'autorité, & ils n'ont pas encore commencé à les gouverner; mais quand l'autorité Royale, semblable à un torrent qui innonde les campagnes, a renversé toutes les barrieres qui s'opposoient à son passage, alors elle remplit sa destination, elle s'occupe de la gloire que nous inspire l'émulation de bien faire.

La France en eſt là ; mais qu'on ne croye pas qu'elle y ſoit depuis long tems ; & peut-être même que pour prononcer net, ſi l'autorité de nos Rois eſt bien aſſouvie, nous avons encore à eſſuyer quelques regnes hautains & inquiets, quelques tentatives de conquêtes, quelques coups d'état pour achever de renverſer tout ce qui nous reſte d'ombre de liberté, ou d'indépendance.

Un Monarque qui n'a plus à ſonger qu'à gouverner, gouverne toujours bien, car ſon intérêt eſt préciſément celui de l'Etat, il ne trouve que là ſa gloire & ſes plaiſirs, tout ce qui tient à l'amour propre eſt tout ce qui forme ſon bonheur. Il eſt bon par paſſion.

Les Hiſtoires barbares nous montrent des traits ſinguliers de vertu chez les Princes, des ames fermes qui ſe ſont tournées au bien comme au mal, des Souverains abſolus qui vouloient ardemment le bien de leurs ſujets, l'exacte juſtice, & des établiſſements d'une Police admirable, comme ſous le Regne d'un Jacob Almanzor; mais faute d'harmonie dans le gouvernement & de principes dans les mœurs, bientôt une mort violente faiſoit ſuccéder à ces moments heureux des Regnes féroces & déraiſonnables.

Nous avons donc aujourd'hui pour nos eſpérances & deſpotiſme & politeſſe. Une Monarchie n'arrive guere au deſpotiſme que par l'Ariſtocratie ; les Miniſtres & les Grands travaillant pour le Monarque croyent travailler pour eux-mêmes ; ils abbaiſſent le Peuple, ils élevent le Trône, parce qu'ils y touchent de près & qu'ils dédaignent le vulgaire ; mais quand le Trône eſt affermi le Monarque ſe trouve toujours plus ami de la Démoncratie qui lui eſt ſoumiſe, que de l'Ariſtocratie qui l'offuſque.

Parmi les membres de l'Ariſtocratie il faut compter tous gens riches ; la richeſſe eſt une diſtinction réelle chez toutes les Nations : on ſait que la premiere dénomination des Grands d'Eſpagne fut d'homme riche, *Ricco Hombre*, & malheureuſement plus les Nations ſe policent plus elles reconnoiſſent l'uſage & l'avantage de l'opulence.

Si les Rois prennent ombrage des Grands de leur état, ils en trouvent les mêmes raiſons contre les citoyens trop riches. La concluſion de ceci chez les Turcs ſeroit qu'il faut abattre des têtes ſi hautes & ſur-tout a proprier leurs dépouilles au fisc; mais chez des gens raisonnables, cela doit rapprocher de la Démocratie qui ne tend qu'à l'égalité des fortunes.

Le progrès de l'Aristocratie doit toujours être pris pour un signe certain de la foiblesse du despotisme, & celui de la Démocratie comme un grand effet de sa vigueur. Nous croyons que si l'on a jamais prouvé quelque chose par les faits, c'est cette vérité dans le Chapitre précédent. Si toutefois il est arrivé que François I. & Louis XIV. ont retardé la Démocratie par la vénalité; qu'on attribue cela à une cause toute étrangere à ma preuve. Ils voulurent tirer des sommes extraordinaires de leurs Peuples & ils eurent volontairement la foiblesse de se servir de moyens détournés; ainsi c'étoit plutôt par défaut d'autorité suffisante que pour le bien même de leur autorité; ce qui confirme encore ma proposition.

Le premier pas contre l'Aristocratie, a été d'ôter d'entre les mains de la Noblesse un pouvoir de naissance & d'extraction attaché aux terres. On admit ensuite parmi les Officiers Royaux des gens sans naissance concuremment avec la Noblesse & dans les derniers tems, on affecta de préférer les roturiers aux Nobles pour tout ce qui participe au gouvernement. Dans ce choix l'amovibilité se trouve insensiblement, car un homme de naissance tient à tout ce qu'il y a de grands comme lui; on le dépossede plus difficilement, on le corrige avec peine, on lui refuse moins de perpétuer ses places dans sa famille par des survivances.

La vénalité des Offices est le grand obstacle au dessein du despotisme; mais tout tend aujourd'hui à s'en débarrasser peu à peu.

Qui ne voit pas qu'on crée aujourd'hui moins d'offices que jamais &qu'on en va rembouser plusieurs? A défaut des fonds nécessaires pour y avancer sérieusement, on subtilise les vûes, la force se sert d'adresse à la vérité avec diminution d'équité. On ôte les fonctions aux titulaires, on les attribue à des Commissionnaires qui doublent le personnage de l'Officier. Les Ministres sont sans finances & amovibles, ils remplacent le Connétable, l'Amiral, le Grand Maître ou le Surintendant, qui étoient ou qui subsistent encore en titres d'office possédés par des grands Seigneurs.

Les Intendans sont devenus les vrais Gouverneurs de provinces. On envoye pour un tems des Commandans passagers, tandis que les Gouverneurs ne peuvent avoir de fonctions sans des lettres particulieres de commandement ou la permission d'aller résider dans leurs gouvernemens.

Sous les Intendans on ne voit dans les provinces d'autorité qu'entre les mains des Commissaires comme eux, les Subdélégués, les Commissaires des guerres, les Ingénieurs pour les chemins, les Inspecteurs pour les manufactures &c. Tout cela est amovible à volonté.

Les Trésoriers de France ne se mêlent plus des chemins & des ponts dont ils sont les voyers par leurs titres ; tout le soin en est donné à des Inspecteurs momentanés.

Dans l'administration de la justice ; fonctions si lâchement condamnées à la vénalité, (Sa Majesté en a cependant excepté les premiers Présidens & les Procureurs Géneraux des cours supérieures) on ne voit que commissions de Conseil. Le Conseil est exempt de la vénalité.

Les brevets de retenue, nouvellement introduits, ne sont plus qu'une demi vénalité qui témoigne encore que le gouvernement

s'éloi-

s'éloigne de la plénitude de l'abus, & qu'il s'en veut désaccoutumer insensiblement. Le Roi en a remboursé plusieurs depuis la paix générale, & on peut prédire avec sureté que plus le Ministere deviendra ferme & attentif plus on avancera de ce côté-là.

Mais dira-t-on, pour nommer aux emplois amovibles & sans finances, rétablira-t-on les élections, ou en laissera-t-on la collation à des gens de crédit qui en feroient eux-mêmes un commerce dangereux dont il eût autant valu que le Roi profitât ?

On repondra que la pire de toutes les méthodes pour conférer des emplois, est celle de les vendre à l'enchere comme on fait, soit du Roi à l'Officier, soit du titulaire à l'Officier ; moins il y a de gratuit, plus l'aliénation des fonctions est consommée, plus elles vont en pure perte pour le public.

L'Auteur du Testament politique du Cardinal de Richelieu dit que, pendant les factions de la Ligue, les Guises se servirent de leur crédit pour placer gratuitement leurs créatures dans tous les postes de l'Etat, & que par-là ils s'ouvrirent le chemin aux grandes vûes qu'on a sû : il cite même sur cela l'autorité de Mr. de Sully, à qui il en avoit entendu parler comme partisan de la vénalité, & voilà de quoi bien effrayer la politique ombrageuse & timide.

Mais l'autorité de ces deux grands Ministres est ici alléguée sans preuve, & en tout cas elle ne seroit pas sans appel. Quiconque prendroit toutes les mesures pour former le gouvernement dans un tems de faction, arrangeroit la Nation d'une façon bien absurde. Toute autorité partagée, comme elle l'étoit du tems des Guises, est sujette à des inconvéniens sans remede. L'agrément nécessaire aux charges vénales auroit seul fait le même effet que la récommendation pour y nommer. Tous les emplois ne vacquent pas à la fois dans le tems d'une faction. Il s'ensuivroit donc qu'on doit craindre d'accorder beaucoup d'autorité au Roi, sous le prétexte que celui qui partageroit induement son autorité jouïroit de trop de pouvoir; ainsi la conséquence de cette objection ne conduit à rien moins qu'à l'Anarchie & à la foiblesse sous prétexte des précautions pour les éviter.

Pour y répondre mieux, je proposerai dans le Chapitre suivant les principes & la methode qui semblent les meilleurs pour nommer aux emplois amovibles & sans finance.

L'extinction totale de la vénalité feroit faire certainement un grand pas au bonheur public. Cette réforme eft d'un befoin plus ou moins preffant dans les différentes parties du gouvernement. La finance par exemple, le prix des Officiers de maniement n'eft proprement qu'une caution, & au moindre cas de dépofition, ou de poffeffion, on commet à l'exercice, ou l'on vend d'autorité la charge à un autre.

Dans l'adminiftration de la juftice, la vénalité apporte de la lenteur dans l'Officier & quelque deffein fecret, inconnu peut-être à lui-même, de fe récupérer par l'émolument & par les épices de l'intérêt de fa finance.

Mais où il feroit plus preffant d'en purger le Royaume, c'eft en tout ce qui eft chargé de la police générale & particuliere d'où dépendent l'abondance, l'ordre & le commerce. Ce ne feroit pas le tout de retrancher de cette partie de l'adminiftration la propriété & l'hérédité, il feroit néceffaire que les Officiers n'en fuffent plus royaux, mais municipaux & populaires, afin qu'ils puffent agir fous la protection & fous l'autorité du Roi, mais pour les intérêts feuls du peuple & pour que le public fût admis autant qu'il ſe peut dans le gouvernement du public.

En attendant le fruit de cette perſuaſion, qu'on ſe convainque bien que le manque de police dans le Royaume & la miſere ne ſont que trop réel; certainement il ne peut que leur manquer d'être aſſez connus pour émouvoir.

Et à commencer par le Roi, plus on eſt grand à la cour, moins on ſe perſuade quelle eſt aujourd'hui la miſere de la campagne; les Seigneurs des grandes terres en entendent bien parler quelquefois, mais leurs cœurs endurcis n'enviſagent dans ce malheur que la diminution de leurs revenus. Ceux qui arrivent des provinces, touchés de ce qu'ils ont vû, s'oublient bientôt par l'abondance & les délices de la capitale.

Il nous faut des ames fermes & des cœurs tendres pour perſévérer dans une pitié dont l'objet eſt abſent.

Cependant à force d'en entendre parler, & depuis le livre de Mr. de Vauban, les ſuffrages ſe rapprochent pour ſe réunir. On voudroit donc diminuer cette miſere générale, mais ce qu'on y a fait juſqu'à préſent reſſemble au conſeil des rats. On expoſe à merveille les abus de la taille arbitraire, on propose de nouveaux sistêmes, on les critique après quelques épreuves, & puis on s'en tient là.

Si quelques personnes tiennent encore pour cette horrible taille arbitraire par l'habitude d'une ancienne possession devenue abusive, & séduits par quelques sophismes qu'ont dicté la dureté de cœur & l'orgueuil de la Noblesse, l'opulence du Financier &c. qu'ils considerent seulement que la France est le seul pays du monde où les impositions soient arbitraires.

Mais peu de gens restent encore dans ce préjugé, & c'est toujours beaucoup que le gouvernement songe sérieusement à soulager la campagne; il ne manque donc plus que des moyens, & je vais en composer.

Ne conseillons pas pour cela au Roi de descendre de son trône pour aller avec une antique simplicité parcourir son Royaume & devenir le spectateur de tant de maux en général & dans le détail; réservons-lui ce voyage après le remede qu'il y aura sû appliquer, ou à mesure des progrès successifs. Quelle plus grande volupté pourroit en effet lui être jamais réservée que d'aller considérer des villes & des provinces qu'il auroit rendu florissantes, de voir les beaux arts rappellés dans des cités qui ne sont aujourd'hui que boue & que ruïnes, d'abandonner au feu Roi, son bisayeul, la gloire d'avoir construit de superbes jardins autour de ses palais, & de jouir de celle de n'avoir fait qu'un beau jardin de toute la France, de se dire à soi-même :

> Par tout en ce moment on me bénit, on m'aime,
> *Je* vois par tout voler les cœurs à mon passage ?

Certes voilà une espece de gloire de triomphe, où tous les hommes sont naturellement portés, & cette carriere ne nous est pas inconnue. On a souvent flatté certains Princes d'être les délices du genre-humain : ce titre, ou l'effort seulement de le mériter, les a fait plus vivre dans la mémoire des hommes que les plus célébres conquêtes. Mais à dire vrai lequel s'est appliqué fort sérieusement à l'obtenir ? Tant que les artisans du bonheur public seront tirés de la cour pour séconder les Rois, la moindre atteinte à leurs intérêts les rendra d'abord ennemis de ce qui y concourt, & cela va jusqu'à troubler leur raiſon par la fauſſe théorie qu'ils ſe font des moyens.

Sous Louis XI. on fit une ligue & une guerre du bien public ; il ne s'y agiſſoit d'autre choſe au fond que de rendre quelques grands Seigneurs plus puiſſants & plus inſolents.

L'intérêt du fiſc eſt toujours bien conduit par les gens de cour à qui on le confie ; le conſeil & la force s'y réuniſſent : mais pour celui du peuple, qui réjaillit cependant ſi fort ſur le premier, il ne pourra jamais être connu ni ſoutenu que par le peuple même.

On commence déjà à ſe convaincre dans le monde que les richeſſes du Roi dépendent de l'abondance où ſeront ſes ſujets. On en cherche les moyens. On voudroit pouſſer le commerce ; on écoute avec attention les nouveaux projets de finance qui préſentent des faces ſalutaires ; on fait des réglements de police, mais peu réuſſiſſent faute d'exécuteurs de la loi.

Pour exécuter ce que j'ai à propoſer, il ne s'agit pas ſeulement que l'autorité Royale ſoit, comme elle eſt aujourd'hui, à l'abri de toute infraction, il faut auſſi qu'on en ait l'opinion & que l'on banniſſe ſur cela toute terreur panique & tout préjugé. On eſt dejà revenu en France d'une infinité de préjugés, de baſſe jalouſie qui étoient attribués à l'autorité Royale.

On ne dit plus tant qu'autrefois que le payſan doit être accablé d'impôts pour être ſoumis, qu'il faut appauvrir la Nobleſſe pour la rendre docile.

On commence à raiſonner de finance avec plus de juſteſſe, & on eſt moins la dupe de la charlatanerie des traitans. On ſent par leurs effets la différence de la levée des tailles & des droits affermés chaque année. Le conſeil ſent le beſoin qu'il y auroit de diminuer les impoſitions dans le Royaume, & au contraire à chaque bail des fermes générales, on voit naturellement augmenter le prix du traité. Cela vient de ce que les levées de la taille ſont régies par des Officiers Royaux, au-lieu que la plupart des droits de fermes ſont volontaires, portent ſur les conſommations, ſont entrepris à forfait par des gens qui ont leurs intérêts directs & perſonnels pour mobile. Ces droits affermés ayant été mis en régie, il y a quelques années, on a lieu de reconnoître toute la dureté & la négligence de ceux qui régiſſent pour le Roi, par comparaiſon à l'exactitude de ceux qui régiſſent en leur nom & pour leur compte.

L'autorité Royale fera toujours grand profit lorſqu'elle ſe débarraſſera des ſoins frivoles qui ne font que la commettre vainement, qui coûtent beaucoup au tréſor Royal & qui rendent peu.

J'ai déja parlé des diſpoſitions du gouvernement préſent à l'égard de la Nobleſſe: ce corps étant le plus grand, on n'y ſoupçonne aucune origine populaire. Cet honneur par un ſentiment intérieur approche de celui qu'on rend à la vertu; mais à l'extérieur il eſt ſubordonné à l'éclat des richeſſes, aux dignités qui font craindre & au mérite perſonnel qui fait reſpecter, & ce ſont tous ces acceſſoires qu'on nomme illuſtration.

Le goût frivole des modes a pouſſé encore l'homme à prodiguer ce bien qui ſoutient l'illuſtration, & c'eſt une grande infamie à la cour que d'être ſeulement ſoupçonné d'épargner; cependant il n'exiſte ici preſque aucun moyen à la Nobleſſe de s'épargner du bien quand elle l'a diſſipé, ſinon par des méſailliances, ou des actions indignes & qui devroient bien la déshonorer autrement que l'œconomie ſi mépriſée. Voilà comment les hommes ſont ordinairement peu d'accord avec eux-mêmes & comme ils ſe déshonorent pour s'honorer.

Mais une des choſes qui a le plus avili la Nobleſſe dans ces derniers tems, c'eſt d'être parvenue enfin à ſupporter deux claſſes ſeparées parmi elle, celle des gens titrés, ou de ceux qui s'établiſſent à la cour par leurs charges & par leurs aſſiduités, & celle de la ſimple Nobleſſe qui va moins ordinairement à la Cour. Il a donc paſſé & il eſt tout reçû en France à préſent que les honneurs de la guerre & les grades militaires doivent cheminer tout d'un autre train pour ce qu'on nomme les Seigneurs que pour la ſimple Nobleſſe, ce qui décourage les gens de guerre de profeſſion, & nous donne de mauvais Officiers généraux dans nos armées.

Voici cependant à quoi ſe réduit aujourd'hui toute l'Ariſtocratie du gouvernement François & toute la part qu'y a la Nobleſſe; le commandement des armées & le ſervice militaire. Les affaires de la guerre ne donnent qu'une autorité paſſagere & qui ſe borne à la durée de chaque campagne; ajoutez à cela un grand air d'importance, des diſtinctions brillantes, mais ſeulement extérieures, quelques charges à la cour agréables par l'accès près de la perſonne du Prince, mais contrebalancées par la défiance que les Miniſtres lui donnent de ſes courtiſans, quelques graces lucratives & injuſtes, l'occaſion de nuire plutôt que de ſervir, une occupation continuelle d'intrigues d'argent & de vengeances, un vain éclat qui reluit au loin & qui ne ſoutient pas l'examen, un meilleur air & plus de goût dans les diſcours & dans les modes, de grandes terres titrées & négligées, des dettes & des injuſtices.

Toute l'autorité eſſentielle du gouvernement a paſſé entre les mains de l'heureuſe robe. Les fonctions des grands Officiers de la couronne ſont à préſent confiées à des bourgeois conſtitués dans des dignités amovibles, ſucceſſeurs de ces clercs ſur qui les anciens Nobles ſe repoſoient de la peine de ſavoir lire & écrire & de demeurer dans les villes, tandis qu'eux alloient régner dans leurs fiefs. Ces hommes nouveaux accoutumés de jeuneſſe à toute la dureté de cœur néceſſaire pour diſpoſer froidement de la vie, des biens & de l'honneur des citoyens, ſous les titres ignobles de Secrétaires & de Controlleurs, font trembler les fils de leurs anciens maîtres, ils les dégradent, ils les rebutent, & ils les envoyent à la mort pour des querelles que les Magiſtrats diſpoſent tranquillement dans leur cabinet.

Mais cette inſtitution de la Robe deſtinée pour tout équivalent de la grandeur réelle à plus de fléxibilité & de travail, ſort inſenſiblement de l'Etat de modeſtie & d'amovibilité qui faiſoit ſon principal mérite, & elle retombe dans les mêmes abus, qui ont arraché le gouvernement des mains de la Nobleſſe. L'hérédité s'accroît toujours dans les premieres Magiſtratures, les ſurvivances deviennent fréquentes même dans le Miniſtere, le déplacement s'exerce le moins dans les places qui le demanderoient d'avantage. Ceux qui s'y trouvent tombent dans une commode inaction & ſe font doubler par des ſubalternes, qui eux-mêmes trop conſidérés pour travailler, font faire leur ouvrage par d'autres commis inférieurs.

Enfin l'on eſt tout accoutumé dans la Robe, comme dans la Nobleſſe, à diſtinguer en deux claſſes les familles des juriſconſultes : on y défere des égards différents à autre choſe qu'au mérite & ſelon les anciens ſervices des peres, quoique leurs enfans ayent négligé de s'acquérir la même capacité.

Il faudroit donc bientôt inventer un troisieme ordre de gens qui travaillassent par eux-mêmes & qui ne fussent traités que selon leur réparation & leur mérite personnel.

Mais on connoit toutes ces vérités & cela suffit, le mal connu est plus près du remede, il est important qu'on se fixe à des principes qui ne varient point.

On a vû par expérience ce qu'ont gagné l'autorité Royale & le bonheur public à la supression des grands fiefs & des gouvernemens indépandents. De-là cependant sont partis de nouveaux abus qui reviennent dans le même genre, mais moindres en eux-mêmes & plus faciles à corriger.

On reconnoit, on sent, on voudroit le bien. Quand la paix ramene au loisir, on cherche des perfections qu'on devine & qu'on ne peut encore énoncer. Mille nouveaux réglements de police & de commerce établissent les maximes de Démocratie que je demande, mais que la suite dément par l'obstacle des préjugés & par des abus contraires à l'exécution. On ne la va pas chercher dans leurs forces, on charge par exemple tous les jours les Maires & Sindics des bourgs & villages des ſoins de police & de finance auxquels ils ne peuvent répondre, faute de liberté, d'autoriſation, & de ſalaire.

Pluſieurs frontieres de France ſont en même tems l'immage & la démonſtration de l'utile gouvernement que je propoſe; on les connoît par la dénomination générale de pays d'Etats : mais on remarquera que plus les aſſemblées ſont petites, mieux elles ſont gouvernées & hors des atteintes de la réſiſtance, ou de la révolte. Tels ſont les colleges de la Flandre marine, les différens pays le long des Pirénées & principalement les communautés de Provence. Ces dernieres avec les vigneries ſe gouvernent intérieurement avec ſuccès, & s'aſſemblent une fois par an pour ſe concerter & pour obéir aux demandes générales du Roi.

PLAN DU GOUVERNEMENT *PROPOSÉ POUR LA FRANCE.*

CHAPITRE VII.

ARTICLE I.

Magiſtrats populaires & Municipaux.

ON établira en France des Magiſtrats populaires à la tête de chaque Communauté, c'eſt à dire de chaque ville, bourg, ou village.

ARTICLE II.

D'abord avec moins d'autorité que par la ſuite.

IL ſera de la prudence du gouvernement de ne perfectionner cet établiſſement que peu-à-peu, en n'étendant les fonctions & la plénitude d'autorité, qu'on se propose de donner à ces Magistrats, que selon les premiers succès.

ARTICLE III.

Nombre des Officiers de chaque Magistrature.

LE nombre d'officiers qui composeront chacune de ces Magistratures, sera proportionné à la Communauté qu'ils gouverneront, mais il ne pourront pas être en moindre nombre que cinq : ainsi lorsque les Paroisses, ou villages seront trop petits, on réunira deux ou trois ensemble pour ne former qu'une Communauté.

ARTICLE IV.

Dans les grandes Villes. Commissaires subdélégués par Quartiers.

DAns les grandes villes comme Paris, Lyon, Marseille &c. les Hôtels de Ville délégueront d'autres Magistrats inférieurs & populaires

populaires ſous leurs ordres pour faire la police avec fonction de commiſſaires ſubdélégués dans chaque quartier.

ARTICLE V.

Autorité & fonctions de ces Magiſtrats. Levée des impoſitions, ſuppreſſion des Collecteurs.

CHaque corps de Magiſtrature populaire aura dans ſon diſtrict, même pouvoir & mêmes fonctions qu'a l'aſſemblée des Etats d'une Province dans celles de France qui jouiſſoient de ce droit. En conſéquence ils repréſenteront entiérement la Communauté pour tous ſes droits & intérêts ; ils donneront au Roi par forme de don gratuit les mêmes ſommes que Sa Majeſté demande aujourd'hui à titre de tailles & autres impoſitions néceſſaires à la taille.

Les Magiſtrats n'impoſeront ſur la Communauté, que de la maniere qu'ils jugeront la moins onéreuſe, & lorſqu'ils n'auront pas payé ledit don gratuit au terme convenu, les pourſuites & contraintes s'adreſſeront contre lesdits Magiſtrats & non contre aucun Collecteur.

ARTICLE VI.

Cette Démocratie nullement dangereuſe à la Monarchie.

L'Autorité Royale devant augmenter en force & en ſolidité, au-lieu de ſouffrir diminution par l'établiſſement de cette Démocratie, il eſt néceſſaire d'obſerver que ces différents diſtricts ſeront d'une étendue inégale, d'où il arrivera ſouvent des jalouſies entre les Communautés voiſines, & que ces jalouſies réciproques empêcheront l'union & les détourneront de machiner enſemble des réſiſtances ou des rébellions aux volontés des Souverains; *divide & impera*, grande maxime du Monarchiſme: que c'eſt par de ſemblables diviſions & oppoſitions entre Régiments que Sa Majeſté s'eſt rendue ſi abſolue & la maitreſſe de ſes troupes nombreuſes, tandis que le Grand Seigneur à la Porte éprouve de fréquentes révoltes de la part du

Corps des Janiſſaires qui n'eſt pas diviſé en troupes ſéparées.

On ſe plaignit encore du même effet dans les Armées Romaines, dont les Légions étoient trop fortes. Mais ce qui doit pleinement raſſurer l'autorité Royale & même l'augmenter dans le projet préſent ſur le pouvoir à confier aux Magiſtratures populaires, c'eſt la création & le renouvellement annuel & amovible des dits Magiſtrats, comme il ſera expliqué plus bas.

ARTICLE VII.

Les Magiſtrats populaires éxclus de toutes Juriſdictions contentieuſes. Qualités qui leur ſuffiront.

LEs Magiſtrats ſeront chargés de toute Police & Finance dans l'étendue de leur Communauté, mais ils ne le ſeront d'aucune juſtice contentieuſe, proviſoire ou Féodale, haute, moyenne ni baſſe ; ces matieres devant toujours être portées comme de coutume par devant les Juges ordinaires Royaux, ou Seigneuriaux, leſquels ſont, ou doivent être élevés dans la connoiſſance des Loix ; au-lieu qu'il ſuffira aux Magiſtrats populaires des lumieres naturelles ſoutenues d'un zele ſincere pour le bien de leur Patrie.

ARTICLE VIII.

Affaires de Finance dont ils ſeront chargés. Deniers Royaux, Deniers publics.

L'Adminiſtration dont ſeront chargés leſdits Magiſtrats populaires conſiſtera en deux Articles.

Premiérement le don gratuit à payer à Sa Majeſté pour tenir lieu des impoſitions arbitraires qui ſe lévent aujourd'hui.

Secondement les octrois & revenus patrimoniaux deſtinés à payer les charges, ouvrages publics, gages d'Officiers &c.

ARTICLE IX.

Augmentation des octrois pour les Ouvrages publics.

SA Majesté permettra par la suite que les octrois des Communautés soien tétendus & augmentés autant qu'il sera convenable pour avancer davantage la construction & la réparation des ouvrages les plus utiles au Public, comme grands chemins, cannaux, ponts, rues & places publiques, maisons de communautés &c.

ARTICLE X.

Impositions que Sa Majesté a employées jusques ici aux Ouvrages Publics.

SA Majesté se déchargeant sur les Communautés de tous lesdits soins & dépenses, Elle leur remettra la levée & administration des fonds qui ont passé jusques ici par son trésor Royal pour cette destination.

ARTICLE XI.

Conduite des ouvrages publics.

TOus ces ouvrages feront conduits en détail par les Magiftrats populaires & feront toutefois affujettis aux projets généraux émanés du confeil, ainfi qu'aux réglements généraux pour l'uniformité des ouvrages publics, & foumis aux vifites, infpections & corrections des Grands Voyers & Ingénieurs de fa Majefté.

ARTICLE XII.

Intérêts des Magiftrats populaires de s'en bien acquiter.

NUls ne feront cenfés & réputés devoir mieux conduire le détail de toutes ces dépenfes pour le public, que ceux qui y font le plus intéreffés, comme feront les chefs de communautés.

ARTICLE XIII.

Méthode pour les Impositions & Recouvrements.

ET on réputera la même chose au sujet des impositions sur les peuples, tant pour la méthode de la réparation que pour la poursuite des recouvrements; les communautés elles-mêmes dirigées par leurs Magistrats devant y être toujours plus habiles & plus attentives que les receveurs des deniers Royaux, lesquels se sont montré jusques ici plus attachés à leurs propres intérêts qu'au soulagement des contribuables.

ARTICLE XIV.

Choix des méthodes pour l'imposition.

SA Majesté laissera pendant plusieurs années aux communautés de son Royaume toute liberté pour choisir la méthode la plus avantageuse pour fournir le don gratuit tenant lieu de taille, & pour lever les fonds des deniers publics; mais elle a dessein d'uniformiser par la suite ces méthodes en adoptant celle qui aura plus de succès.

ARTICLE XV.

Indication des principes pour imposer les choses contribuables.

Et on indique à présent aux communautés, que pour y parvenir, on doit considérer les matieres contribuables en trois états différens, naissantes, existantes & dépérissantes.

Naissantes; c'est dans le mouvement du commerce & dans toutes les formes qu'on donne aux matieres premieres, après avoir excité la nature pour les produire; alors il leur faut pleine exception de tous droits.

Existantes; on peut lever quelques droits légers sur elles, ne fût-ce que pour avoir un dénombrement exact de tout ce qui compose le capital de l'Etat. Tels seroient les Droits de cadastre pour les terres, capitation pour les hommes, impôts sur les bestiaux, maiſons &c. mais tous ces droits ſeront fort modiques.

Dépériſſantes ; on ne peut trop charger les choſes conſidérées dans cette ſituation ; c'eſt ce qu'on nomme droit de conſommation. On peut lever ces droits lors de la vente & de l'achat qui ſe fait chez les marchands détailleurs pour conſommer chez l'acheteur. Il eſt juſte que celui qui conſomme le plus pour ſon luxe paye le plus à l'Etat dont il diminue le capital ; & les richeſſes les plus cachées ſe décélent tôt ou tard par l'excès de conſommation.

ARTICLE XVI.

Connoiſſance du produit des impoſitions.

LEs Magiſtrats Populaires & municipaux tiendront un régiſtre du produit de tous ces droits, & le compte public qu'ils en rendront à leurs communautés, ſervira auſſi à Sa Majeſté à connoître le produit & le ſuccès de ces impoſitions.

ARTICLE XVII.

Répartition des impositions entre le Roi & les communautés. Une seule levée & un seul compte.

ON peut annoncer aussi que les vûes de Sa Majesté sont que par la suite tous les revenus tant Royaux que pour le public, se réduisent à une seule levée & à un seul compte ; Sa Majesté prenant trois quarts du produit de tous les droits pour subvenir au fardeau de l'Etat, & la communauté le quart pour les charges publiques du lieu ; de façon que la communauté améliorant, & augmentant ses revenus & ses dépenses, accroîtra à proportion les revenus du Roi ; augmentation qui ne pourra être sujette à aucune fraude par la publicité des comptes d'une communauté, ou en affermant les droits à forfait dans chaque paroisse.

ARTICLE XVIII.

Police attribuée aux Magiſtrats populaires.

LEs Magiſtrats populaires & municipaux ſeront chargés de toute police générale & particuliere dans leur diſtrict.

ARTICLE XIX.

Motifs.

SA Majeſté a conſidéré ſur cela que nuls Officiers à prépoſer à la juſtice & à la police, ne peuvent y apporter autant de lumieres & d'application que ceux qui y ſont intéreſſés pour leurs perſonnes & pour leurs biens. Ils fonderont leur autorité, & ils ſeront flattés parmi leurs compatriotes d'avoir ſignalé leurs Magiſtratures annuelles par les meilleurs établiſſemens.

ARTICLE XX.

Motifs d'exclusion des Officiers Royaux dans l'administration de la Police.

PAr la même raison Sa Majesté n'a pas cru pouvoir compter sur le même travail de la part des Officiers Royaux, même de ceux qui se sont acquis le plus de réputation. Ces Officiers, accablés par une premiere finance & par des supplémens qui leur ont couté la meilleure partie de leurs biens, seront toujours nécessairement trop pleins d'eux-mêmes, pour n'être pas vuides des intérêts du public. Ils possédent patrimonialement les fonctions & les prérogatives de leurs offices, d'où il arrive que ce qui touche à leur propriété leur est plus à cœur que ce qui intéresse le public. On ne peut attendre d'eux une certaine prévoyance, & la confiance leur manquant avec le pouvoir qui naît de la confiance, ils ne peuvent autant que des Magistrats populaires connoître & combiner les intérêts de leurs citoyens divisés à l'infini & les réunir dans la seule vûe du bien général

ARTICLE XXI.

Magistrats populaires chargés du Commerce & des Manufactures.

Réglemens généraux & particuliers.

LEs Magistrats populaires & municipaux établiront & conduiront les manufactures de leurs districts selon leurs vûes, & suivant l'industrie des habitans. Ils les engageront à les perfectionner ; ils suivront les réglemens généraux & dictés pour tout le Royaume, sauf cependant les nouveaux & particuliers réglemens qui leur paroîtront utiles, mais qui ne pourront avoir lieu s'ils sont contraires aux premiers, & le Conseil pourra cependant les adopter par la suite s'il en résulte un bien connu universel.

ARTICLE XXII.

Réglemens généraux & particuliers pour la Police.

LA même disposition aura lieu pour tous les autres réglemens de police. Lesdits Magistrats, obligés de se conformer aux réglemens anciens & généraux, seront cependant admis à faire des représentations sur les articles nuisibles à leurs communautés ; ils pourront de même en proposer de nouveaux sans abus & sans déroger aux anciens. Par cette sage liberté Sa Majesté doit s'attendre que les anciens réglemens seront désormais aussi bien observés, qu'ils l'ont été peu jusqu'à présent par le défaut de surveillance suffisante. Sa Majesté doit espérer également que l'uniformité de police dans le Royaume n'en sera aucunement altérée ; le soin de cette uniformité nécessaire devant être une des principales fonctions des Intendans.

ARTICLE XXIII.

Les Magistrats natifs & domiciliés dans leurs Communautés.

UNe des conditions fondamentales & irrévocables de ces Magistratures municipales sera que chaque Officier, soit natif ou domicilié du lieu & y ait le siege principal de sa fortune.

ARTICLE XXIV.

Leur renouvellement chaque année.

Conseillers - Pensionnaires.

UNe autre condition également fondamentale sera que les Magiſtrats ſoient renouvellés exactement tous les ans ; & pour remédier à l'ignorance indiſpenſable des nouveaux Magiſtrats en place, il y aura en chaque corps de Communauté un ou deux Conſeillers - Penſionnaires à l'inſtar de ceux de Hollande.

Ces Conſeillers ſeront perpétuels, & n'auront aucun pouvoir par eux-mêmes, ni voix délibérative ; ils ſeront ſeulement les dépoſitaires des regles pour les répréſenter & indiquer les derniers erremens de chaque affaire, principalement lors du renouvellement des Magiſtrats annuels.

ARTICLE XXV.

Nulle innovation dans ce plan de Gouvernement. Différence des Magiſtrats populaires qui ſubſiſtent aujourd'hui & de ceux qu'on propoſe.

ON doit obſerver qu'il n'eſt rien ici propoſé qui ſoit nouveau dans les uſages du Royaume, puiſqu'il y a par-tout des hôtels de ville, des Maires & des Sindics dans les villages ; mais il arrive, ou que ceux des villes ſont érigés en Officiers vénaux & héréditaires, & ſont par conſéquent Officiers Royaux, ou que ceux des bourgs & villages qualifiés Sindics & Echevins, ſont à peine connus dans le lieu de leur Magiſtrature, & ſe trouvent dénués d'autorité & de rétribution pour leur travail, quoique le Conſeil leur adreſſe ſouvent les ordres & les charges de la manutention des réglemens.

ARTICLE

ARTICLE XXVI.

Assemblées communes des Paroisses voisines.

LEs Magistrats de chaque communauté pourront s'assembler avec les Magistrats voisins pour concilier les intérêts communs des paroisses d'un certain Canton; mais ces assemblées auront toujours des délibérations fixes & circonscrites; elles seront précédées de la permission de l'Intendant qui leur enverra une instruction sur leurs exposés, & sans retardement.

ARTICLE XXVII.

Division des Départemens. Intendans.

LE Royaume sera divisé en départemens moins étendus que ne le sont aujourd'hui les Généralités, & on suivra le besoin des affaires, les usages différens, les mœurs & les rapports de situation & de commerce. A la tête de chaque département, il y aura un Intendant de police & finance, qui sera le premier Officier Royal.

ARTICLE XXVIII.

Exclusion des Intendans sur les affaires contentieuses. Juges ordinaires & compétens.

L'Intendant ne se mêlera en aucune façon des affaires contentieuses; les cours supérieures, & autres juges de leur ressort étant chargés de toute cette partie d'administration, ainsi que leurs chefs & Procureurs généraux, pour correspondre avec la cour.

ARTICLE XXIX.

Distinction de l'autorité civile des Intendans, & de l'autorité militaire des Commandans.

L'Intendant ne se mêlera pas davantage des affaires militaires, si ce n'est pour la subsistance & le payement des troupes;

d'où il ne doit résulter aucune autorité sur elles. Pareillement les Officiers militaires ne se mêleront aucunement des affaires civiles de police & de finance. Les principes de séparation entre ces deux autorités différentes sont constans en France, depuis que les Gouverneurs de provinces & de places sont réduits à un titre utile, mais sans fonction, s'ils n'ont des lettres de commandement avec résidence : un même département ne peut avoir deux maîtres. L'autorité violente des armes n'est utile au Prince que lorsqu'il juge à propos de l'employer au dehors contre l'ennemi, & au dedans pour que force demeure à justice. Mais quand les troupes résident dans quelque province en tems de paix, soit pour une défense de précaution, soit pour la commodité des subsistances, alors leurs véritables commandants sont les Officiers du corps : ils sont ainsi commandans dans les provinces & non sur la province, si ce n'est en pays ennemi.

ARTICLE XXX.

Subdélégués, Receveurs des deniers Royaux.

LEs Intendans auront ſous eux pluſieurs Subdélégués diſtribués par départemens, qui ſeront appellés Subdélégations; ils ſeront Officiers Royaux. Les Intendans & Subdélégués ſeront les ſeuls Officiers Royaux pour la police & la finance dans les provinces; à quoi on peut ajouter les Receveurs des finances, dont les fonctions ſeront ſimples & faciles, n'ayant affaire qu'aux communautés & nullement aux particuliers; il leur ſuffira de bonnes cautions & de quelques caiſſiers pour la facilité de leur recette dans les départemens les plus étendus.

ARTICLE XXXI.

Inſpection des Officiers Royaux. Leur amovibilité & celle des Magiſtrats.

L'Intention de Sa Majeſté eſt que doresnavant les Intendans & Subdélégués se regarderont plutôt comme inspecteurs de toute police & finance dans leurs département que comme chargés de les conduire & de les administrer. Ils verront faire & feront par eux-mêmes peu ; mais leur autorité n'en sera pas moins grande par la libre collation & la faculté de destituer à chaque faute & sans figure de procès les Magistrats populaires : le principe étant certain que quiconque est maître de l'existence d'un Officier, dispose quand il le veut de tout le pouvoir de l'Officier ; & tout sera d'accord par cette espece de subordination : l'Officier Royal ne pourra pas plus abuser de son autorité qui ne sera que triennale, que l'Officier populaire de son pouvoir qui sera annuel, l'amovibilité étant un remede sûr à l'excès d'autorité, aussi-bien qu'une source de confiance pour la conférer.

ARTICLE XXXII.

Résidence des Officiers Royaux. Leur représentation.

L'Intendant & les Officiers Royaux auront une résidence fixe chacun dans la ville la plus centrale de leur département. Ils auront de bons & suffisants appointements pour fournir à la dépense de représentation convenable, mais ensorte qu'ils n'excitent point par leur exemple la Noblesse au luxe & à la ruine.

ARTICLE XXXIII.

Supérieurs des Officiers Royaux.

ILs n'auront d'autres supérieurs que le conseil & les Ministres ; c'est-là où l'on portera les plaintes des décisions irrégulieres, mais nullement par la voye d'appel juridique ; lesdits Officiers Royaux étant tenus de renvoyer aux juges compétans toutes contestations respectives entre plusieurs parties.

ARTICLE XXXIV.

Ils seront triennaux.

LEs Intendans & Subdélegués ne pourront jamais être plus de trois ans dans le même département, & ce tems finiſſant, il leur ſera envoyé un ſucceſſeur, ſans que ſous quelque prétexte que ce puiſſe être, on ſe relâche jamais ſur cet article.

ARTICLE XXXV.

Projet de ſubdiviſion. Les départements.

SA Majeſté ſe propoſant de donner par la ſuite au gourvernement de ſon Royaume toutes les perfections dont il eſt ſuſceptible, jugera par le ſuccès du préſent arrangement s'il n'eſt pas plus à propos de diviſer les différents départements en plus petites parties, non ſeulement afin de mettre en toute ſureté l'autorité Royale; mais principalement pour multiplier les ſoins & les attentions; réconnoiſſant qu'un moindre territoire eſt toujours plus ſoigné qu'un grand, choſes égales d'ailleurs: ainſi les intendances pourront être fixées au gouvernement de 200. paroiſſes & les ſubdélégations de 20. Sa Majeſté compte que l'augmentation de dépenſes pour appointer un plus grand nombre d'Officiers Royaux, se retrouvera aisément sur les heureux progrès d'une meilleure administration.

ARTICLE XXXVI.

Grand nombre d'Intendants & de Subdélégués. Tems de leurs départements.

PArmi un aussi grand nombre de sujets intelligens & appliqués que fournit le Royaume, & qu'il ne s'agit que de mettre en œuvre avec émulation pour les connoître, il s'en trouvera la quantité nécessaire pour remplir les postes principaux que demande le présent arrangement, soit dans les différentes compagnies de justice, soit dans le reste de la Noblesse, qui manque d'occupations & non de talents : & pour subvenir aux fraix de déplacement qui arriveront tous les trois ans, Sa Majesté y accordera une gratification proportionnée. Ces déplacemens seront rangés de façon que le renouvellement des Subdélégués n'arrivera qu'au milieu du tems de l'emploi de chaque Intendant.

ARTICLE XXXVII.

Méthode pour choisir les Magistrats. Scrutin & non élection. Récommendation par voye de Scrutin.

UNe des principales fonctions des Intendants sera le renouvellement annuel des Magistrats municipaux & populaires. Pour y parvenir par la méthode la plus parfaite, il faudra que la nomination de chaque Magistrature soit indiquée à chaque intendant par Scrutin, ou élection; la communauté élisant les sujets pour les proposer seulement, mais de façon que les Electeurs ignorent à qui concourt la pluralité des suffrages. Par-là l'Intendant & les Subdélégués nommeront & confereront librement chaque place, après avoir connu par le suffrage des égaux & par toutes les autres confirmations possibles quel est celui qui paroît le plus digne, & par-là on évitera ainsi également l'importunité de la partialité des sollicitations, les cabales & l'excès d'autorité que le droit d'élection donne au peuple.

ARTICLE XXXVIII.

Raisons de compter sur de bons choix.

IL est à présumer que nuls ne nommeront plus volontiers de bons sujets & n'éviteront mieux les mauvais choix que les Intendants & les Subdélégués, chargés de répondre de la bonne administration de leur province, où le travail des Magistrats fera éclater la leur, d'autant plus que les collateurs ne devant rester eux-mêmes que trois ans dans leur place, ils chercheront à y acquérir de la réputation pour passer à d'autres postes plus considérables, & ils éviteront également les liaisons & les abus qui donnent lieu aux mauvais choix des employés pendant un tems aussi court que celui de leurs charges.

ARTICLE XXXIX.

Méthode appliquable à tous les autres emplois.

LA même regle pourra être appliquée par la suite à la nomination de tous les grands & petits emplois du Royaume, en faisant indiquer les candidats par les égaux & par les prétendants mêmes, & sur cette indication tenue secrette, en chargeant le supérieur immédiat de les nommer, qui répondra des talents de l'employé pout ces fonctions & pour sa propre réputation. C'est ainsi que Sa Majesté nomme des Ministres, ceux-ci les Intendants qui nomment & désignent leurs Subdélégués, & ceux-ci les Magistrats populaires ; & le même ordre doit se suivre dans toutes les autres branches d'emplois & d'employés.

ARTICLE XL.

Objections de la mutinerie de la Noblesse contre les Magistrats Populaires. Remede & conduite à l'avenir.

COmme on pourroit appréhender avant de passer à l'épreuve du présent réglement que lesdits corps de Magistratures Populaires dans la campagne ne vinssent à avoir de vives & de fréquentes discussions avec la Noblesse, & ne résistassent que difficilement à la puissance d'un Seigneur, ou à la brutalité d'un Gentilhomme; il est nécessaire de considérer que les Magistrats agiront dans tout au nom du Roi; d'où émane toute puissance publique, & qu'ils seront appuyés de toute l'autorité de Sa Majesté, l'Intendant devant compter ce soin & cette protection parmi ses plus importantes fonctions; ensorte qu'il sera prescrit auxdits Intendants de ne regarder aucune faute sur cet article, comme indifférente; ils s'attireront des ordres particuliers de la Cour, contre ceux qui se distingueront dans cette perturbation. On fera marcher des troupes dans les Cantons, où un tel mal gagneroit le corps de la Nobleſſe, & quelques exemples rigoureux rangeront bientôt ce monde à la même opinion de reſpect & de confiance envers leſdits Magiſtrats, puiſque l'opinion doit gouverner les hommes en tout.

ARTICLE XLI.

Autres raiſons de préſumer que ces Magiſtrats ſe feront reſpecter.

LEs Communautés voiſines ayant intérêt au reſpect dû aux Magiſtrats Populaires, entreront réciproquement dans les mêmes vûes & dans le détail des faits particuliers qui ſoutiennent l'autorité, bien éloignées de l'énerver par jalouſie. Inſenſiblement ces Magiſtrats, quoique payſans, ſe reſſentiront de leur caractere & en prendront le véritable eſprit qui éloigne cependant de la baſſe ſoumiſſion & de l'indolence, les Intendants étant de leur côté attentifs à réprimer également ces deux excès.

ARTICLE XLII.

Les Parlements exclus de toute Police & Finance.

COmme Sa Majeſté laiſſe aux Parlements & Juges ordinaires, ainſi qu'il a été dit, toute juſtice contentieuſe ſur quelque matiere que ce ſoit; leſdits Parlements doivent trouver agréable par compenſation qu'on leur retranche déſormais tout ce qui regarde l'adminiſtration de la Police & de la Finance, puiſqu'il faut convenir d'ailleurs que tous ces Juges ne ſont que nuire au-lieu d'y ſervir, ſe croyant par-là les chefs d'une nouvelle Ariſtocratie, & ayant pour eux-mêmes des intérêts particuliers & contraires au bien général. Il ſera néceſſaire ſur cet article de ſentir avec plus de délicateſſe les oppoſitions qui viendront du Parlement de Paris. Il ſe vantera ſans doute de ſes prérogatives & d'une ancienne poſſeſſion, ainſi il faudra le conduire dans ſon reſſort avec autant de prudence que de fermeté, laiſſant faire quelque choſe au tems & s'attirant principalement les suffrages du public en général par l'épreuve des premiers succès de cet établissement dans le Royaume.

ARTICLE XLIII.

Appel au Conseil.

LEs Magistrats municipaux & populaires ne reconnoîtront dans toutes leurs fonctions d'autres supérieurs que le Conseil, sous l'inspection particuliere des Intendants & Subdélégués; & pour éviter au Conseil un travail nuisible par les retours au Roi, on observera qu'il y a une grande quantité d'affaires dont on peut laisser la souveraine décision aux Magistrats & aux Intendants, à l'exemple de celle qui est accordée aux Présidiaux dans les Chefs de l'Edit: & de plus on distinguera en matiere d'appel au conseil, ce qui n'intéresse que les particuliers entre eux, & qui sera toujours envoyé aux Juges ordinaires dans les choses qui intéressent le public, soit en matiere de reglement soit pour les intérêts publics & locaux, ce qui ne pourra être mieux décidé que par le Magistrats & ne sera porté au conseil sinon en affaires majeures.

ARTICLE XLIV.

Affaires des Communautés portées devant les Juges ordinaires.

SUivant le même principe, les affaires de Communauté à Communauté & de Communauté à Noblesse seront portées par devant les Juges ordinaires; ne s'y agissant point de l'intérêt du Public en général. Néanmoins avant qu'une Communauté puisse être engagée à plaider, il y faudra l'autorisation de l'Intendant, ceux-ci étant nés tuteurs & non les maîtres des Communautés; sur quoi il y a des Loix qui s'observent actuellement.

ARTICLE XLV.

Essai sur deux Généralités.

AVant d'établir les Magistratures qui sont ici proposées pour tout le Royaume, on on en fera un essai complet sur quelques unes des Généralités des plus à portée de la cour, comme Soissons & Alençon ; & pour mieux connoître en même tems sur un plus grand théatre tous les avantages du gouvernement municipal par dessus celui des Officiers Royaux & héréditaires, on pourra essayer le même établissement sur la ville & banlieue de Paris, y laissant toute direction exclusive de la police & des finances, tant Royales que municipales, aux Magistrats de l'hôtel de ville de Paris, après l'avoir composé du nombre suffisant d'Echevins suivant toutes les regles indiquées ci-dessus pour leur choix & renouvellement.

ARTICLE XLVI.

Démembrement de la place de l'Intendance générale de Police. Intendant de Paris.

POur cet effet on supprimera l'office de Lieutenant-Général de police de Paris, & on en réünira les fonctions, savoir celle du contentieux ou Lieutenant civil, & tout ce qui appartient à l'administration de la police & execution des ordres de la cour, partie à un Intendant de la ville & banlieue qui y sera établi, & partie au Prévost des marchands & Echevins. Lesdits Officiers & Magistrats ne devant ressortir que du Conseil.

ARTICLE XLVII.

Diminution des fonctions des Commissaires Subdélégués par Quartiers.

IL sera ôté également aux Commissaires au châtelet de Paris toute fonction de police, & il ne leur sera laissé que celles qui appartiennent à la justice provisoire, comme sont réception de plaintes, réferés, assistances aux inventaires, confections de procès verbaux &c. & les fonctions de police seront remises à des Echevins délégués dans chaque quartier, choisis parmi les meilleurs bourgeois desdits quartiers renouvellés chaque année, & jouissans de bons & suffisans appointemens durant leur exercice.

ARTICLE XLVIII.

Autres Charges de Police.

ON ſupprimera toutes autres charges de police ſur les quays, ports, halles &c. l'hôtel de ville devant pourvoir à toutes ces fonctions pour la plus grande utilité du public ; & il y ſera placé des employés par commiſſion, leſquels changeront toutes les ſemaines de poſte pour éviter les abus & les fraudes.

ARTICLE XLIX.

Echevins, Conſeillers-Penſionnaires.

LE nombre des Echevins de la ville de Paris ſera proportionné à la grandeur & aux affaires de cette capitale. Ils ſeront choiſis ſuivant les régles précédentes, renouvellés toutes les années, amovibles de l'autorité de l'Intendant, récompenſés ou punis ſelon leur zéle ou prévarication ; ils auront des appointemens ſuffiſans, & il y aura un Conseiller-Pensionnaire dudit hôtel de ville avec trois substituts pour être les dépositaires des regles, usages & derniers erremens de chaque affaire.

ARTICLE L.

Les Echevins ne seront jamais continués.

IL sera observé qu'il n'y a pas de plus grande preuve de l'excellence des Magistrats amovibles, que quand ils ne briguent point d'être continués dans leur place par delà le terme ordinaire, & lorsqu'ils retournent volontiers à leurs propres affaires après s'en être détournés quelque tems par amour pour le public; c'est ce qu'on remarque aujourd'hui dans la plupart des Juges Consuls, dont on ne sauroit trop reconnoître l'utilité de l'établissement.

ARTICLE LI.

La Vénalité exclue.

SA Majesté promet que la vénalité ne sera jamais admise ni aucune proposition écoutée là-dessus dans toute l'étendue du présent arrangement ; regardant cette condition comme une des plus constitutives & des plus essentielles au bon ordre, & considérant que depuis la vénalité des emplois les hommes ne semblent plus faits pour l'Etat, mais l'Etat pour les hommes.

ARTICLE LII. ET DERNIER.

Vûe sur les pays d'états & provinces conquises.

ON laissera quant à présent subsister les gouvernemens des pays d'états & des provinces conquises sur le pied où il est actuellement par rapport à leurs Magistrats populaires & municipaux ; leur condition approchaint pour la plupart des principes qu'on ſe propoſe ici de ſuivre.

On ne travaillera donc que ſur les pays d'élection où le beſoin de reformation eſt plus ſenſible, & s'il eſt jamais queſtion de former le même établiſſement dans les pays d'états, ce ne pourra être qu'après avoir pleinement reconnu les grands ſuccès dudit établiſſement, & ſur la demande même desdits pays d'états pour entrer dans une uniformité avantageuſe avec le reſte du Royaume.

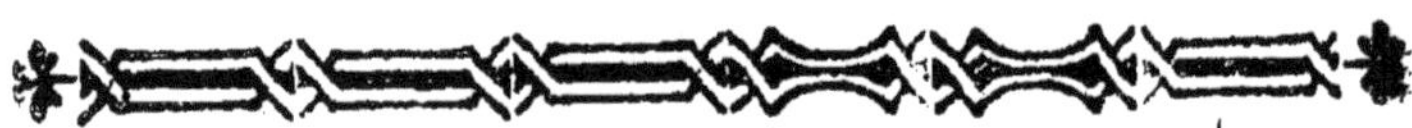

CHAPITRE VIII.

Effet. Objections. Concluſions.

ARTICLE I.

Effet.

On peut dire que par ce changement dans le gouvernement, le Royaume changeroit de face. Un Roi digne de l'être écoutera les intérêts de ſes peuples, & n'aura point d'autre organe pour les apprendre que leur voix même, & d'autre reſſort que leur libre activité. Ce n'eſt point par des largeſſes onéreuſes à l'épargne, qu'on gagne leurs cœurs. Les Empereurs Romains accoutumerent trop la populace à des diſtributions de pains, de viande & d'huile ; on la plonge par-là dans la fainéantiſe, ou bien on ſe prépare des révoltes lorſqu'on ne ſauroit plus fournir à ces énormes libéralités. Les plus ſinceres intentions ont plus ſouvent ſatisfait que les effets mêmes ; le régne de Louis XII. en eſt un exemple : & quoiqu'il en arrive c'eſt un grand talent pour gouverner que d'aimer véritablement le bien public.

La ſcience politique de l'intérieur des Etats eſt aujourd'hui dans ſon enfance, puiſqu'on n'a preſque encore trouvé de moyens théoriques pour procurer l'abondance que ces deux termes vuides de ſens & peu entendus par ceux qui en parlent le plus, *circulation* & *crédit.* Qu'on ſe perſuade cependant que ce ſont-là des effets & non des cauſes d'abondance ; dans un Etat bien gouverné l'argent circulera toujours de reſte ; mais de vouloir procurer une vaine circulation à l'argent & aux effets qui le repréſentent ſans qu'elle provienne d'une confiance naturelle, d'un besoin d'affaires, ou d'un commerce, c'est comme de donner la fievre au sang pour l'animer. Telle seroit aussi la folie d'un petit Souverain, qui, ayant remarqué que les rues d'une grande ville sont toujours remplies d'un peuple innombrable qui va & qui vient pour ses affaires, croiroit que toute la force des villes consiste dans ce concours tumultueux, & obligeroit ses peuples par ordonnance à aller toujours par les chemins.

L'idée qu'on a du crédit public ou particulier est encore plus fausse ; le crédit n'est bon qu'à celui qui l'obtient. Le retard des payemens dont les banquiers profitent est plûtôt un mal qu'un bien. Des citoyens habiles & diligens, tels qu'ils devroient être tous pour grossir le capital de l'Etat, trouvant chez eux confiance & justice, ne laisseroient pas longtems leur argent oisif, & quand on ne considérera le crédit public que dans celui que les commerçans obtiennent sur les étrangers, on désespérera de gagner jamais beaucoup à ce crédit-là, puisque nos voisins sont aussi commerçans & aussi rangés que nous sommes dissipateurs & dérangés naturellement.

Que d'erreurs pernicieuses, que de fausses

conſéquences publiques & légales, que de ſyſtêmes ruineux ont cependant dérivé d'avoir fait conſiſter tout le bien de l'Etat dans ces deux prétendues cauſes dont on ne devoit ſeulement pas s'embarraſſer pour bien faire ! Sans cette obſcure métaphyſique financiere, qui déſole la France depuis le Miniſtere de Colbert, on auroit vû plus clair ſur l'état de nos monnoyes, & ſur leur valeur numeraire & ponderaire ; on n'y auroit eu d'égard qu'à la foi des engagemens antérieurs ; on n'y auroit pas alternativement préféré l'intérêt des débiteurs à celui des créanciers.

On parlera toujours de rétablir les affaires ; on ſe plaindra du gouvernement préſent ; on frondera, on aſpirera après de meilleurs tems ; on regretera le paſſé, & ſouvent tout l'éloge qu'on lui accorde conſiſte dans la critique du préſent : mais par où ſort-on des maux qui ſe font ſentir ? qu'oppoſe-t-on aux abus généraux ? tout au plus quelques reglemens particuliers qui ne vont qu'à de minces objets, dont on eſpere peu, & dont les doubles effets ſont encore au-deſſous de l'attente.

Il faudroit donc eſſayer, comme je le propoſe, d'admettre d'avantage le public dans le gouvernement du public, & voir ce qui en résulteroit. Ces soins particuliers & multipliés doivent nécessairement rétablir les finances par la voye la plus légitime & la plus désiderable, qui est l'augmentation des richesses du Souverain dans l'accroissement de celles de ses sujets.

Qu'on parcoure toutes les différentes parties des charges de l'Etat, & tous les soins intérieurs dont le Ministere s'est chargé en France, l'on trouvera combien ils doivent tous prospérer par ce ressort, & succéder à une négligence inséparable d'une trop grande étendue de soins.

Les ouvrages publics, par exemple les ponts, les chemins & leurs réparations, les canaux qui multiplient les facilités du commerce intérieur, comment tous ces objets peuvent-ils être conduits par une régie immédiate qui s'étend de la capitale aux extrémités d'un si grand Royaume? Soutiendra-t-on que dans cette direction nécessaire l'utile soit toujours préféré au superflu? Peut-on combiner à chaque projet d'ouvrage les premiers intérêts généraux avec les moindres de chaque lieu? Est-il possible d'entrer de loin dans les mêmes réparations, quoique esſentielles & ſans leſquelles toutes ces dépenſes ne ſervent au public que dans leur premiere nouveauté ? Quelle chimere que de prétendre à une attention infatigable dont ſeroit à peine capable l'intérêt local de chaque département !

Au lieu de ces impoſſibilités dans le bon entretien des ouvrages publics, on concevra que les communautés libres d'agir, de projetter & de conſtruire, ſaiſiront en même tems le beſoin de chaque article & les moyens d'exécuter à moins de fraix. Tout ſera ſous leurs mains, il ne leur faudra plus un arrêt du Conſeil pour réparer un mauvais pas, ou reboucher ùn trou ; ce qui menacera ruine ſera prévenu. La France eſt peut-être le ſeul des Etats Chrétiens où la police ſoit confiée à des Officiers Royaux qui ne répondent de rien aux peuples, & qui inſultent plûtôt qu'ils ne déferent à ſes plaintes : c'eſt de quoi on s'apperçoit lorſqu'on voyage ſur nos frontieres. Il eſt inutile de demander où finit le territoire de France ; l'état des chemins, & de tout ce qui eſt au public, en fait aſſez appercevoir : & comme tout eſt mode & tout eſt exemple chez notre Nation, il arrive que l'indolence des chefs a inſpiré aux particuliers la même indifférence ſur les intérêts du public ; cela va juſqu'à l'éloignement. Un particulier qui dépenſera 50 mille écus auroit horreur d'employer deux piſtoles à réparer la voye publique par où on aborde chez lui. Le feu Duc de Lorraine Léopold en trois années de tems a fait raccommoder tous les chemins de ſon Etat ; ils ſont devenus un modele de perfection en ce genre. Il en chargea les communautés ſous l'inſpection & non ſous le commandement de ſes Ingénieurs. On commence en France à faire travailler à Corvée aux ouvrages publics ; mais par une malheureuſe conſéquence de notre gouvernement préſent, tout ce qui eſt deſtiné au bien public ſe tourne en fléau. Ces Corvées ſont devenues une troiſieme taille dans la campagne ; elles ſe font ſous les ordres des Intendans, des Subdélégués, & autres Officiers Royaux. Des Ingénieurs conduiſent moins ces ouvriers qu'ils ne leur commandent comme à des eſclaves. On les arrache de leurs maiſons & à leurs travaux néceſſaires ; on les mene fort loin de chez eux ; on les y tient longtems ; on leur accorde pour toute ſubſiſtance la faveur de pouvoir manger leur pain aux heures des repas ; ceux qui s'exemptent se rachetent ; ainsi tous les bas Officiers s'enrichissent encore de cette misere.

Rien n'est exagéré dans ce recit. A tous les nouveaux établissemens on trouvera les mêmes obstacles, tant que les ressorts du gouvernement ne seront pas changés, & que par-tout le bien particulier sera dominant sur celui du public ; & de-là résultera une ignorance inévitable des principes d'utilité commune. Combien de fois les gens à leur aise ont-ils répété qu'il faut des tailles arbitraires pour matter le paysan, sans quoi il tomberoit dans l'indolence & dans la revolte ; que les habitans de certaines provinces (nota la Normandie qui paye 37 millions au Roi) ne travaillent beaucoup, que parce qu'ils ont beaucoup de tailles à payer ? La même politique n'est ni plus profonde ni plus humaine.

Quand on raisonne sur quelque nouvel établissement, on allégue pour unique motif l'augmentation des droits du Roi ; tout est absorbé dans ce point de vûe. A peine l'utilité publique est-elle admise pour aller pardessus le marché de l'objet final : maxime d'esclavage & d'ignorance. Plus cependant on confidere le Monarque relativement à ses fujets, plus il a l'air de l'homme du peuple & non le peuple d'être la chofe du Roi.

Sur des principes plus reçus encore les deux objets fe trouvent remplis & ne fe contrarient jamais; la tyrannie difparoît & la paternité commence; elle trouve fa gloire dans la bonne conduite de fa famille : voilà véritablement ce que le Monarque eft à fes fujets.

Chaque article de police & de dépenfe Royale a en France fes chefs féparés réfidans dans la capitale; ils ont leurs Officiers généraux dans les provinces. Cela forme autant de régies générales & diftinctes, reffemblantes à autant de Monarchies les unes fur les autres & dans le même lieu, & toutes fujettes aux mêmes inconvéniens, infidélité & négligence.

Quand on a voulu remédier à la mendicité qui eft fi importune en France, on n'a jamais imaginé que des hôpitaux-généraux pour renfermer de gré ou de force tous les mendians, & ces grandes maifons font encore deffervies comme tout ce qui appartient à la Monarchie, c'eft-à-dire à grands fraix & à grands profits pour les Officiers adminiſtrateurs, tandis qu'on pourroit faire autrement à bien moins qu'il n'en coute en revenus abandonnés à ces maiſons. On pourroit renvoyer les mendians dans les villages où ils ſont nés ; on chargeroit chaque communauté d'un certain nombre d'enfans trouvés ; on aideroit par une modique penſion les incurables & les invalides.

Mais pour cela il faudroit que les villages ne fuſſent pas déſerts, & que leurs habitans ne fuſſent pas eux-mêmes des mendians.

Le travail que chacun fait de ſon côté eſt toujours moins pénible & moins conſidérable, mais il eſt mieux fait. Les travaux généraux ne s'exécutent que par des reſſorts énormes trop compoſés pour être parfaits, & ſujets au relâchement. Les conſéquences de ce principe s'étendent bien loin en politique; on n'y refléchit pas aſſez ordinairement ſur les forces de l'homme, ſur ſes penchants, & ſur la néceſſité d'écouter la nature.

Il eſt certainement à déſirer que les provinces ſoient peuplées, que la politeſſe y regne, que l'argent y circule. Le contraire arrivera & augmentera tant que la capitale ne fera que s'accroître chaque jour des dépouilles des provinces.

Mais comme nous vivons dans le ſiecle des probabilités & des paradoxes, on ſoutient ſouvent qu'il eſt bon que les choſes ſoient ainſi & que les provinces ne ſoient que pour ſervir la cour & pour orner la capitale. C'eſt mettre en principe que les obſtructions ſont bonnes dans le corps humain : quand toute la ſubſtance & les humeurs s'amaſſent dans une ſeule partie, il arrive aux autres de ſe deſſécher & de périr.

Il en eſt de même de notre Royaume, où il ſeroit fort à ſouhaiter que les Nobles & les riches ne dédaignaſſent plus le ſéjour des provinces, qu'ils reſidaſſent plus volontiers dans leurs terres & dans leurs villes voiſines. Les moyens à y employer ſont de longue haleine; ils ne peuvent venir que du gouvernement moral qui tend à déraciner peu-à-peu l'ambition à prix d'argent; & qui ne préſente plus dans les emplois que des travaux avec moins de propriété & moins d'honneurs frivoles.

Et en attendant ce grand changement dans les mœurs de la Nation, multipliez davantage les départemens auſſi-bien que les emplois; vous en ferez autant de centres de dépenſe

dépenſe & de politeſſe par où on relevera infiniment le ſéjour des Provinces.

Un autre avantage à tirer de la multiplication des départements eſt d'affermir à chaque Communauté les revenus du Roi. Par-là il deviendroit fort difficile à d'autres qu'aux Miniſtres des Finances de connoître au juſte le revenu de l'Etat, dont les forces ſont trop connues aujourd'hui des particuliers & des étrangers; car il faudroit pour cela s'informer à chaque Paroiſſe du Royaume, où pour mieux dire au tréſor Royal, & tirer le calcul du total. Si l'on croit le myſtere l'ame des affaires, en voilà un de plus & que l'on ſe réſerveroit tant qu'on voudroit.

Peu-à-peu les chefs de chaque Département propoſeroient des arrondiſſemens de territoires par échange des eſclaves, en ſuivant les bornes qu'indique la nature, & rien n'apporteroit autant de commodité & d'ordre que cette nouvelle perfection. On y a ſouvent ſongé, mais toujours par la voye d'un travail général & ſujet à mille inconvénients de tyrannies & de diſcuſſions; au-lieu que tout s'applanit, dès que les hommes conférent librement ſur leurs interêts. Ce qui déplaiſoit ci-devant vient alors s'offrir de ſoi-même.

Si la Démocratie étoit goûtée, on sentiroit par la suite quel est le bon ou le mauvais usage de nos Loix, quels reglements sont superflus, ou nuisibles, quelles regles favoriseroient mieux le grand nombre, & quelles ont été dictées dans leur origine par le plus petit, mais avec plus de crédit.

Toutes ces lumieres sont cachées. Nous sentons des incommodités qui ne nous sont pas expliquées, & nous nous entêtons pour nos maux. Un grand bruit de chaînes nous étourdit; une vapeur nous offusque. Le séjour des villes est monstrueux pour l'humanité; des campagnes désertes, un Ciel de bois, un marché pour jardin & un jour artificiel; les habitans y perdent de vûe tout esprit de la Loi naturelle.

La Ville est le séjour des profanes humains :
Les Dieux habitent la Campagne !

Ce n'est en effet que dans le séjour heureux & tranquille des Campagnes que l'on peut juger de l'accord des Loix de nature avec les Loix Politiques.

Si les Législateurs s'y transportoient eux-mêmes, on reconnoitroit bientôt que quantité de dispositions légales pour les successions & pour l'ordre des familles mêmes, n'ont jamais été suggérées que par l'avidité & par l'orgueil ; que bien éloignées de prévenir les contestations, elles les fomentent ; que la plupart des droits de préciput engendrent l'envie & non l'émulation entre les freres ; que tous les amas de biens, d'offices & de dignités ne vont qu'à présenter au public un héritier impertinent, & que les stipulations profitables, si requises dans les mariages, sont fondées sur l'avarice & en bannissent la confiance & la subordination.

On réfléchiroit sur tout le mal qui résulte des supériorités territoriales ; sur le préjugé qui a fait multiplier ces servitudes, au lieu de s'efforcer à les restreindre, depuis qu'on a adopté en France cette détestable maxime du Chancelier Duprat, que nulle terre n'est sans Seigneur.

On détesteroit ce nombre infini de charges foncieres & irrachetables qui accablent celle de toutes les manufactures qui est la plus essentielle & devroit être la plus lucrative, c'est-à-dire la culture des terres. Un Fabriquant d'étoffes ne doit point de rente sur son métier battant ; un laboureur en paye sur le sien à plusieurs maîtres.

Car les gens riches toujours fainéants par

goût & par état n'ont cherché que la sûreté daus la possession des terres. Ils conviennent de la médiocrité du produit de leur capital dans l'emploi en fonds de terres ; mais la prudence consulte la solidité.

La subtilité des Ministres tyrannique a déconcerté les mesures prises pour les autres natures de biens, & par-là elle fait de plus en plus recourir aux terres ; & c'est sans doute le plus grand des maux qu'ait produit en France le systême de Finance en 1720. Auparavant les riches habitans des villes commençoient à vendre leurs terres pour des rentes ; mais sous cette Epoque on a perdu la confiance qui faisoit préférer le parchemin aux terres, & c'est pour longtems : d'ailleurs la vanité bourgeoise se nourit mieux par les différents titres qu'attribuent les terres que par le produit clair des contrats. Quelques voyages qu'on fait dans ses terres engagent à des dépenses de luxe qui flattent & désennuyent sous prétexte d'une œconomie mal entendue. Nos Peres habitoient leurs domaines antiques & se contentoient de leurs maisons ; nous ne les habitons plus & nous les ajustons avec une recherche superflue.

Rien n'est si vrai que la plus grande charge que puiſſe avoir un champ ſera toujours celle de n'être pas cultivée par ſon propriétaire, & plus ce défaut ſe multiplie, plus l'effet en eſt miſérable.

Il arrive qu'un métayer rend à un fermier & celui-ci à un receveur général qui rend à un maître. Que de mains par où ſe partage le profit, & combien s'éloigne par-là cet eſprit de propriété & cet œil de maître qui profite de tout, qui voit tout & qui fait tout fructifier par un intérêt direct & prochain! Conſidérez la différence de culture dans les vaſtes terres d'un grand Seigneur & dans l'étroit héritage d'un payſan; cette différence va au moins à quatre pour un, & l'abondance générale dépend de-là.

Appliquez ce principe à l'exécution; tirez-en toutes les conſéquences; convenez, ou diſconvenez qu'il ſoit poſſible à un Légiſlateur d'en faire uſage: ils n'en ſont pas moins vrais un eux-mêmes, & toute autre maxime ſur cela n'eſt qu'illuſion; il s'en ſuit donc néceſſairement de ces obſervations, qu'il ſeroit à ſouhaiter que tous les Domaines de la campagne ne fuſſent poſſedés que par ceux qui les peuvent cultiver eux-mêmes, & que tous les Domaines devroient être libres, exempts de tous droits & de toutes servitudes, comme ils étoient lors de leur premier défrichement par nos Peres; qu'ainsi tout le Royaume ne devroit être qu'un franc-aleu roturier.

Voilà certainement ce que réclameroit la Démocratie, si elle étoit jamais admise jusqu'à influer sur la réformation des Loix. Il ne faut rien dissimuler à la Noblesse & aux Seigneurs, & ils resteront sans doute les plus grands obstacles à tout établissement ou réformation salutaire de cette espece, non pour l'intérêt du Monarque, mais pour celui de quelques Citoyens plus accrédités que les autres.

Qu'ont besoin nos Rois de la suzeraineté sur tous les fiefs avec une Souveraineté si décidée sur leurs Sujets & qui emporte tout? Ils ont encore bien moins affaire de posséder cette quantité de domaines utiles, si mal régis dans la main d'un puissant Souverain.

Nos premiers Rois vivoient frugalement; ils n'avoient pas entrepris alors de porter tout le fardeau de l'Etat comme aujourd'hui.

A quelle fin conserve-t-on précisément les titres domaniaux de la Couronne, si ce n'est contre l'usurpation des Couronnes voisines? Le meilleur titre est la possession & les seuls inſtruments ſont nos armes, ſi ce n'eſt pour aſſurer l'état des particuliers. C'eſt un dépôt public, & ce n'eſt plus un dépôt Royal: mais l'uſage reconnu de ces titres, conſiſte à nourrir une multitude d'Officiers Royaux, uniquement intéreſſés à tourmenter les pratrimoines voiſins des Domaines de la couronne; recherche odieuſes & formes tyranniques de procéder.

L'incendie de la Chambre des Comptes arrivé à Paris en 1737 a été un des moindres malheurs de cette eſpece, & par l'effet nul des ſujets du Roi n'en a ſouffert dommage dans ſes biens; pluſieurs en gagneront du bonheur & de la tranquilité.

Il ſeroit à ſouhaiter que des Loix juſtes & hardies rendiſſent la liberté aux biens, comme elles l'ont ôtée aux perſonnes. Le Roi en devroit donner le premier exemple d'une façon qui fût ſans rétour. On devroit autoriſer le rachat forcé de tous les droits de ſuzeraineté, des devoirs rentés & du droit de chaſſe. On pourroit s'en affranchir par des ſommes offertes ou conſignées, & le prix en ſeroit réglé ſur un pied qui indemniſât entierement le Seigneur. Nous diſons la même choſe du Roi.

Si la suzeraineté est inutile au Souverain, à quoi sert la Noblesse des terres à ceux qui l'ont par leur naissance? le moins est donné dans le plus. D'ailleurs les terres nobles possédées par des roturiers n'en doivent pas espérer les effets; cela ne produit qu'une taxe de francs-fiefs qui en désigne assez toute l'irrégularité & le désordre.

Dans la proposition de ces rachats forcés pour affranchir les terres, la Noblesse aujourd'hui si dérangée trouveroit des sommes d'argent qui la remettroient en meilleur état, comme il arriva après les croisades, quand on introduisit la liberté générale des serfs & le droit de Commune comme nous avons dit au Chapitre V.

L'exploitation libre des terres indiqueroit sans doute mille autres objets de libeté que nous n'imaginons pas, & qui ne peuvent être pesés dans ce tumulte d'intérêts hautains & accrédités qui fondent aujourd'hui nos Loix & qui usurpent nos respects.

Peut-être qu'en matiere de bois & de Forêts on réformeroit une quantité de réglements de Police sur lesquels il faudroit appeller des principes aux effets. On trouveroit peut-être qu'il seroit plus à propos, pour le bien du Royanme, de s'en rapporter entierement à l'adminiſtration des peres de famille, au lieu de les gêner dans leurs vûes; qu'il arriveroit que les particuliers au milieu d'une ſage abondance entendroient mieux leurs intérêts que la loi même & qu'ils préfereroient ordinairement la conſervation à la deſtruction.

Quand on dit que le Royaume manqueroit de bois, ſonge-t-on que la navigation nous rapproche des pays incultes qui nous en offriroient toujours pour la marine & pour les autres charpentes, ou menuiſeries; on pourvoira toujours au chauffage à quelque dégré que les villes & la Nobleſſe augmentent cette conſommation; car on aura toujours pour l'agrément des héritages des bois & des avenues, & l'appas du profit engagera toujours à entretenir ce qui ſe vend bien. Mais la meilleure police a été oubliée ſur les bois; ce ſeroit d'obliger, puiſqu'il faut contraindre, de couper les bois qui ont pris leur âge, qui ne profitent plus & que la terre nourrit inutilement à chaque ſéve. On commet en cela la même faute œconomique, que ſi l'on laiſſoit la moiſſon ſur pied après le mois d'Août.

Par l'heureuse confiance qui naît de la liberté, le pere de famille préfereroit le profit solide d'améliorer ses terres, aux richesses casuelles du coffre fort ou du gros porte feuille. Il placeroit son argent à chetel, au-lieu d'en acheter des fiefs vains pour lui & nuisibles aux autres.

Aujourd'hui dans la conduite de nos manufactures, on écoute plutôt les intérêts du public vendeur que du public acheteur, & c'est-là une des grandes sources du dépérissement du commerce; car dans l'ordre politique le profit de ceux qui servent doit être subordonné au besoin de ceux qui demandent. On oblige par exemple les citoyens & sur-tout les plus pauvres à ne s'habiller que d'étoffes du crû, plus mauvaises, moins durables & moins agréables que celles qu'il trouveroit ailleurs.

On croit avoir accompli toute œuvre politique & avoir avancé une maxime incontestable, quand on a répondu sur cela qu'il faut occuper tant d'ouvriers dans les provinces, qu'il faut se passer des Etrangers & empêcher l'argent de sortir du Royaume.

Mais seroit-il impossible d'établir que dans un Etat bien gouverné, on n'est jamais embarrassé de l'occupation des habitans, & que la moisson y est toujours plus abondante que les moissonneurs ne sont nombreux; que les ouvriers doivent toujours aller au plus utile afin d'augmenter toujours le capital de l'Etat; que ce capital augmente ou diminue, selon qu'on vend plus cher aux Etrangers les choses de la même espece qu'on tire d'eux à meilleur compte pour les consommer chez soi?

Le Commerce étranger ne se soutiendra jamais que par des besoins réciproques. Jamais il n'ira mieux que quand toutes les portes seront ouvertes. A qui convient plus cette maxime qu'à la France où la nature & les arts se disputent de fécondité, & où tous les Etrangers viennent puiser le bon air, malgré le goût d'obscurité ruineux qui s'est emparé de nos grands Seigneurs & qui devroit écarter d'abord les Voyageurs & les renvoyer dans des pays plus hospitaliers?

Le calcul décide des profits, mais ce calcul veut être libre & soumis aux seuls intérêts. Si l'on tremble sur la sortie des denrées essentielles à la vie des hommes, dont la privation cause des revoltes & dont le monopole est reputé si coupable; la question ſe réduit ſur cela à ſavoir ſi nous manquons jamais d'air & ſur-tout dans les endroits où il eſt plus libre d'entrer & de ſortir ; toutes les précautions pour le conſerver par artifice ne tendroient qu'à ôter la ſalubrité. Qu'on laiſſe donc faire & il n'arrivera jamais de diſette de bled dans un pays où les ports ſeront ouverts ; les Etrangers par l'appas du gain préviendront nos beſoins & feront parlà ouvrir les greniers des monopoleurs mieux que par les ordonnances & la perquiſition des Officiers de Police.

S'il s'agit des Loix ſomptuaires, on trouvera après un leger examen du cœur de l'homme, que ce qui défend la magnificence, en rafine le goût, & irrite les deſirs, pour ne pas paroitre plus petit que ceux qui doivent être exempts de la prohibition.

Si au contraire & par d'autres encouragemens qui ſe contrediſent ſi ſouvent en France, on prétend exciter au luxe pour ſoutenir les arts, ne pourroit-on pas ſubvenir à tout en ſe fixant à la maxime qui ſuit & qui paroit d'une grande élévation ?

La magnificence devroit être réſervée aux ouvrages publics, aux temples, aux palais & à la cour des Rois. Elle devroit être bannie de chez tous les particuliers qui ne ſont chargé d'aucune repréſentation par état, & chez qui il ne devroit régner qu'œconomie, propreté & commodité. Par une diſtinction d'un ſi bel ordre, les arts ſeroient mieux encouragés ; ils ne ſeroient point livrés au caprice des gens riches & de mauvais goût, & par-là les mœurs qui valent bien les arts ſeroient perfectionnées.

C'eſt ce qu'on pratiquoit dans les bons tems de la Grece & de Rome, & c'eſt ce qui nous a laiſſé d'auſſi nobles monumens de leur grandeur, qu'il en reſtera peu dans l'avenir de notre ſombre profuſion.

En avançant cette maxime, j'ai fait une ſatire contre le ſiecle préſent qui pratique préciſément tout le contraire.

Si l'on réfléchit de ſens froid ſur l'état préſent de notre commerce intérieur & ſur le fruit de tous les ſoins & de toutes les vûes du Miniſtere François pour le faire proſpérer, on trouvera par l'événement, que nos Voiſins ne nous prennent qu'à regret les choſes dont ils s'imaginent encore ne pouvoir ſe paſſer; mais que pour les marchandiſes égales aux nôtres on recourt volontiers & par préférence aux autres Nations. Il eſt vrai que ce qu'on nous en prend eſt en grand nombre. L'imitation de notre luxe, notre extrême réputation en choſes frivoles & la ſtupidité des modes forment tous les avantages de notre commerce. Ce que nous prenons de leurs manufactures ne vient que du raffinement du goût de nos plus riches particuliers, ſans que ſur cela tout l'effort des Loix de Police ait encore apporté d'obſtacle.

Les Fermiers des droits du Roi prennent à l'Etranger tous les tabacs qui ſe conſomment par leurs fermes, tandis qu'il en viendroit en France ſuffiſamment pour les gens moins riches & dans nos colonnies pour les autres, ſi on s'y appliquoit.

Notre compagnie des Indes facilite l'entrée des marchandiſes étrangeres & la ſortie de notre argent ſous pretexte d'ôter quelque profit de commerce aux étrangers.

Les Anglois ne prennent nos vins que malgrès eux & avec des droits preſque exceſſifs. Pour peu qu'on puiſſe uſer chez les Etrangers des fils de Portugal ou d'Italie, on les préfere aux nôtres, quoique ceux-ci ſoient meilleurs, & qu'ils duſſent être à meilleur marché. L'Eſpagne & bientôt le Levant rebuteront nos draps.

Nous avons, par le renverſement de toutes ſortes de principes, fixé nous mêmes la quantité de draps que nous pouvons faire pour envoyer au Levant & le prix auquel on doit les y randre ; ce ſera l'Epoque de l'établiſſement des fabriques de drap à Veniſe.

Nous avons avec les Hollandois des tarifs déſavantageux. Ce petit Etat nous fait la loi, & nous devrions la lui faire ſur tout pour le commerce du Nord, où notre réputation politique auroit dû depuis longtems nous accréditer au commerce.

Voilà ce que font les ſeules lumieres des Grands & leur conſeil qui n'écoute point les particuliers, ou plutôt qui les empêche d'agir librement.

ARTICLE II.

Objections.

IL y a tant de gens qui diſent que le mieux eſt ennemi du bien, il faut les écouter ici.

Cette maxime vient de pareſſe ou de la perſuaſion où l'on eſt qu'il ne faut ſe défier au monde que de l'inquiétude; mais le bien-être dont on veut se contenter doit être solide & exempt de ces vices intrinseques qui l'alterent & le détruisent insensiblement.

Ceux que leur bien-être rend indifférents sur les maux de l'Etat diront toujours que tout va bien en France, excepté quelques articles qui les touchent & qui ne font point le mal général: ils soutiendront par exemple que l'agriculture va bien, que tout est cultivé, que rien n'est en friche.

Ils n'ont donc jamais observé les immenses degrés de perfection qui résultent de la négligence évitée & des soins multipliés. Ils n'ont pas remarqué quelle est la différence de la culture des environs d'une grande ville & sur-tout d'une ville riche d'avec celle des misérables campagnes de l'intérieur du Royaume, de ces Cantons éloignés de protection & désolés par les Receveurs & les employés aux maltôtes. Ils n'ont pas comparé, depuis qu'ils vivent, l'état ancien de la campagne avec l'état présent; les villes devenues bourgs & les bourgs villages, les village hameaux, & ceux-ci tombés en ruine; par-tout des maisons qui tombent, & aucune qu'on éleve, ou qu'on releve; les habitans haves & défigurés; des mendians

au-lieu

au-lieu d'habitans. Ils ne s'apperçoivent pas que les bestiaux sont réduits à la moitié de ce qu'ils étoient il y a trente ans; que ce n'est point faute de reglements ni de Police sur les arras, si l'on manque de chevaux en France, & s'il faut s'en pouvoir chez les Etrangers; mais que c'est manque d'aisance & manque de gens qui en veulent & puissent élever, ou qui se piquent d'émulation dans leurs entreprises: une autre mauvaise émulation en détourne, c'est la crainte d'un surcroît injuste de tailles, ou de capitation.

Les profits de la campagne consistent en une perpétuelle circulation des animaux aux terres & des terres aux animaux & aux hommes: plus il y a d'habitans plus il y a de bras pour porter & cultiver. Les besoins de subsistance animent au travail & le redoublent. Les bestiaux se nourrissant dans les pâturages en forment de nouveaux par leurs engrais & rendent les terres plus fertiles par leur fumier. C'est une erreur ordinaire d'attribuer aux environs des grandes villes ou aux terres des Républiques, une meilleure qualité naturelle qu'à celles des misérables Provinces dont je parle. Comment imagine-t-on cependant que la nature ait deſtiné préciſément certaines terres aux lieux qui devroient être un jour les plus riches & les plus habilles ? Les peuplades ſe ſont faites à l'avanture & non par choix. C'eſt le travail, ce ſont les engrais qui font paroitre les terres ſi fécondes; nul repos dans leurs cultures, elles rapportent pluſieurs fois par an; on s'y aviſe heureuſement de toutes les nouvelles entrepriſes. Le riche citoyen d'une ville voiſine ne poſſede pas un champ à la campagne pour en retirer le revenu exactement, mais pour l'améliorer de plus en plus; tandis que dans nos vaſtes & malheureuſes Provinces du dedans du Royaume tout eſt en repos, mais daus un repos forcé; on n'y renouvelle rien; on ſuit l'ancienne méthode de cultiver, mais on la ſuit de loin & avec indolence.

Il faut ſe purger de ce qu'on entend d'odieux par-là. Le bon des Républiques repugne-t-il à la Monarchie? s'il eſt impoſſible de les allier enſemble, il faut en détourner les déſirs; mais ſi le bonheur & l'abondance ſont conciliables avec l'amour & l'obéiſſance due au Roi; ſi les Rois eux-mêmes peuvent régner comme ſi leurs Sujets n'obéiſſoient qu'à des Loix & non pas à des hommes, pourquoi n'en étudieroit-on pas les véritables ressorts là où ils sont? Qu'on les y recherche donc, & l'on trouvera précisément que tout ce qui fait le bon des Républiques augmente l'autorité Monarchique au-lieu de l'attaquer en rien.

On sait que le droit essentiel de la puissance Publique qui réside chez le Monarque est l'autorité Législative. Le système dont il s'agit ne la diminue en rien; on n'y verra aucun partage entre elle & l'autorité populaire : elle n'y est que soulagée par le choix d'une aide entiérement précaire & dépendante. *Nimia precautio dolus*, à qui se livre à de fausses délicatesses sur son propre pouvoir. Rien ne marque plus la petitesse que la vaine défiance, rien ne conduit davantage à la perte de l'autorité que d'en porter trop loin la jalousie; la défiance est mere de la tyrannie; le Roi ne peut-il régner sur des citoyens sans dominer sur des esclaves?

On a pû mal raisonner en Politique, tant qu'on a été étourdi par les résistances; mais l'autorité Royale jouït maintenant d'une opinion légitime & naturelle chez tous les hommes; rien n'est plus solide que sa force, rien de plus infaillible que ses ressorts; elle va toute seule, pour ainsi dire, dans tous les tems & sous tous les régnes; elle doit écarter les précautions inutiles; & assurée qu'elle est du Gouvernement, elle ne doit plus songer qu'au bien de ce qui est à gouverner.

Parmi les précautions superflues à l'autorité Monarchique, ne doit-on pas compter la force de la Noblesse? On assure qu'elle soutient la Couronne; mais beaucoup de raisons disent qu'elle l'ébranleroit plutôt que de la soutenir si on n'y apportoit des remedes.

Tout se réduit à savoir si un ordre séparé du reste des citoyens, plus près du Trône que le Peuple, souvent si près qu'il s'y avance; si une grandeur de naissance, indépendante des graces du Prince, est plus soumise à l'autorité Royale que des sujets égaux entre eux.

On dira que les principes du présent traité, favorables à la Démocratie, vont à la destruction de la Noblesse, & on ne se trompera pas; ce n'est pas-là une objection, c'est une confirmation de nos conséquences.

Jamais il n'arrivera certainement que l'égalité soit parfaite entre les citoyens; la différence des talents en fournira toujours entre les fortunes, & les peres ayant la propriété de leurs enfans, ceux-ci se ressentiront toujours des travaux & des mérites de leurs auteurs.

Mais on ne prend point les choses ainsi dans un traité de Politique ; on ne prend point pour principe les faits ordinaires même les plus indispensables ; on définit ce qui doit être & non ce qui est, & ce n'est point aller en cela contre l'humanité, ni donner dans les idées abstraites reprochées à Platon.

C'est beaucoup de connoître la perfection du principe ; on distingue le préjugé d'avec l'abus & l'on tend à se rapprocher du vraï autant qu'il est possible, ou du moins à ne pas s'en écarter volontairement.

On ne confond que trop tous les jours les intérêts de l'Etat avec ceux des particuliers. Il importoit beaucoup par exemple que la Souveraineté ne se partageât plus dans la famille Royale, comme sous la premiere & la seconde race ; mais pour la conservation de nos grands fiefs si vantés, que fait à l'Etat leur démembrement ou leur plénitude ? On ose cependant soutenir encore dans notre Droit que la Majesté de la Couronne & la puissance de l'Etat en dépendent. On oublie que nous ne vivons plus ſous le gouvernement Féodal ; que ce ne ſont plus les grands vaſſaux qui groſſiſſent les armées : mais il y a plus, c'eſt qu'on doit ſe perſuader que le démembrement des grands fiefs eſt un bien précieux à l'Etat, ou tout ce que j'ai dit n'eſt qu'un long ſophiſme. La ſubdiviſion de ces majorats en remet dans le commerce les différentes parties qui en étoient ſorties pour ſatisfaire la vanité d'une ſeule famille, & ſans qu'il en revienne aucun avantage à la ſociété. La diviſion des fiefs & des domaines donne vingt différents adminiſtrateurs, qui font ſuccéder l'abondance à la ſtérilité ; l'intérêt public eſt donc ici en oppoſition avec celui d'une ſeule famille : que le Légiſlateur choiſiſſe après cela.

Je ne demande que de mettre à part le plus ſtupide préjugé, pour convenir que deux choſes ſeroient principalement à ſouhaiter pour le bien de l'Etat ; l'une que tous les citoyens fuſſent égaux entre eux, afin que chacun travaillât ſuivant ſes talents, & non par le caprice des autres ; l'autre que chacun fût fils de ſes œuvres & de ſes mérites : toute juſtice y ſeroit accomplie & l'Etat ſeroit mieux ſervi.

Convenons que les Nobles ressemblent beaucoup à ce que les frélons sont aux ruches.

La noblesse, la fortune & les richesses, qu'on reçoit par sa naissance, jettent l'homme dans une indolence nécessaire, dès ces premiers momens où l'émulation charme ordinairement le courage de la jeunesse. Sa grandeur assurée est le premier des dangereux mysteres qui pénetre un enfant, & alors toute éducation n'est plus que charlatanerie. Par-là lui sont retranchés tous les prix que l'Etat propose aux services. On jouït injustement de ce que d'autres ont mérité, & cette injustice exclud ceux qui mériteroient par eux-mêmes.

La pratique de cet abus se comprend par le fait & la violence; mais comment en tolere-t-on le principe, quand la Morale & la Politique y sont aussi grossiérement violées,

La raison devroit nous venger des passions, ou au moins voir plus clair que les sens, cependant les préventions générales prouvent le contraire. On est anciennement préoccupé qu'une supériorité injuste sur les autres citoyens, & quelques bonnes actions émanées de cette ſupériorité l'ont légitimée; tel eſt ce qu'on penſe de la nobleſſe.

Mais, dira-t-on, ſi tous ces principes contre la nobleſſe ſont vrais, quelle conſéquence en tirera-t-on ? Faudroit-il abolir un ordre ſi fameux ? cherchera-t-on une égalité abſolue & Platonicienne ? non certainement. Je dis bien à la vérité qu'on doit chercher cette égalité ; mais on n'y parviendra jamais.

Par ces efforts vers l'égalité on multipliera moins le nombre des nobles, autant que l'on traverſera l'excès des richeſſes. On abolira ſur-tout l'indigne entrée dans le corps des nobles qui ſe donne par finance. On ne fera paſſer les charges des peres aux enfans que quand toute autre récompenſe ſera épuiſée pour les peres.

Quand nous avons des guerres juſtes à ſoutenir, on ne diſputera point à la nobleſſe d'extraction une valeur par état plus fine & plus ſolide que chez les autres nations.

Si on examinoit bien rigoureuſement les cauſes de la nobleſſe, peut-être n'y trouveroit-on que celle par où un chacun excelle dans un métier qui exclud les autres profeſſions. Cette cauſe déplaît ; elle ſuppoſe que tout homme qui eût changé une profeſſion ignoble pour un exercice relevé, eût réuſſi également de quelque ſang & de quelque ordre qu'il fût ſorti. Il eſt vrai cependant que toute autre profeſſion que celle des armes eſt interdite à notre Nobleſſe; que ſon talent eſt inſpiré par les exemples de famille, fomenté par l'éducation, & forcé par une eſpece de néceſſité de ne pas dégénérer.

Que la Nobleſſe Françoiſe ne regrette point dans l'exécution de ce ſyſtême une Ariſtocratie qu'elle croit être favorable à notre Nation; il n'eſt queſtion que d'extirper une Satrapie roturiere & odieuſe qui augmente chaque jour les maux, en pervertiſſant nos mœurs.

Pluſieurs perſonnes qui ne raiſonnent que partialement, & ſur-tout ceux de la Nobleſſe, concevront d'abord du chagrin contre l'Auteur, & diront pour toute réfutation que c'eſt un Ecrivain ſans doute de la lie du Peuple qui s'eſt indigné contre une élévation qui lui fait envie; mais qu'on ne s'embarraſſe pas de cela, il a l'honneur d'être Gentilhomme.

ARTICLE III.

Conclusions.

CE qui mérite ici un plus févere examen, ce font les inconvéniens qu'on diroit pouvoir en réfulter à l'égard de l'autorité du Monarque. On ne doit jamais rien hazarder fur cette matiere ; ainfi rien n'eft plus à recommander que d'effayer avant toutes chofes ce fyftême de gouvernement intérieur dans quelque canton du Royaume. Qu'on n'y oublie rien de ce qui en contrebalance les objections & les inconvéniens, & qu'on le rejette s'il n'arrive pas tout ce qui eft annoncé, qui eft une grande augmentation au lieu d'une diminution à l'autorité Royale.

Comment un homme feul en gouverne-t-il 20 millions d'autres ? C'eft par l'opinion : elle vient de l'expérience, du fentiment, de la raifon, & fur-tout de l'ufage. Voilà les feules forces de la puiffance publique ; elles en fourniffent de réelles contre les parties qui voudroient fe féparer de tout ce qu'on trouvera dans tout ce fyftême, l'opinion de refpect, de crainte, de grandeur, & les bienfaits du Monarque.

On y trouvera à l'égard du public une nouvelle ſource de connoiſſance de ſes moindres intérêts, & un germe de mouvement toujours renouvellé par l'objet même, & incapable d'être détourné par les intérêts particuliers qui en ſont les véritables ennemis.

A l'égard du choix des ſujets pour l'adminiſtration, qu'on me donne ſeulement des bons cœurs & des eſprits droits, il me ſemble que je menerois le monde.

Les Romains, grands modeles de force & d'habileté dans le gouvernement, ne tiroient des provinces conquiſes que des tributs, les laiſſant au reſte ſe gouverner par elles-mêmes & par leurs loix. Ils leur envoyoient ſeulement chaque année un Préteur pour adminiſtrer la juſtice & commander les troupes, & un Queſteur pour faire payer les droits. C'eſt ainſi que fut arrangée la Sicile à la fin de la premiere guerre Punique quand elle fut réduite en province Romaine; Ciceron la compare à la premiere métairie qu'eût acquis la République: & c'eſt ainſi que l'on adminiſtre habilement ſes terres en les affermant, mais non en les faisant valoir par soi-même.

On peut promettre aux hommes que leur raison fera des progrès ; la société & la communication nous en sont garants ; les effets en sont sensibles, & cet établissement & ces principes auront lieu un jour.

On cherche à remedier à cette inexprimable pauvreté des provinces, où la circulation de l'argent & le commerce sont anéantis, & que les financiers déguisent au Roi. L'on ne peut trouver où réside le véritable bonheur public qui résulte d'une sage liberté.

Le peu de choses qui vont encore passablement en France, ce sont quelques portions échapées de la police legislative, & qui ont été libres des vûes fiscales & des privileges exclusifs toujours contraires au bien indéfendu.

La liberté est l'appui du trône ; l'ordre rend légitime la liberté.

ESSAI DE L'EXERCICE DU TRIBUNAL EUROPE'EN POUR LA FRANCE SEULE.

Pour la pacification universelle appliquée au tems courant.

LA mémoire de Louis XII. & celle d'Henri IV seront à jamais cheres aux François ; celle du second pour le bien public qu'il leur a fait, & pour celui qu'on suppose qu'il eût fait encore.

On lui attribue le projet d'une paix perpétuelle qui se trouve dans quelques Mémoires contemporains.

Mr. l'Abbé de St. Pierre à renouvellé cette idée & l'a simplifiée. Il a écarté le dessein de réduire les Puissances de l'Europe à un espece d'égalité entre elles. Il trouve l'équilibre dans la jonction de plusieurs moindres puissances contre une seule trop forte & trop ambitieuse, & enfin réduit le détail de ce systême en cinq articles fondamentaux pour l'établissement d'un arbitrage Européen.

La ſignature des cinq articles rencontre de grandes difficultés par l'ambition de plusieurs Puiſſances de l'Europe.

On avancera ici que la France peut commencer à exercer ſeule tout ce que le tribunal général exerceroit, c'eſt-à-dire un tribunal armé hors de toute crainte d'être aſſailli, contente de ſon bonheur, & ne devant plus ſonger qu'à celui des autres.

Une Puiſſance comme la notre peut prononcer jugement ſur chaque différend Européen, & peut ſuppléer au manque de force par plus d'adreſſe, d'unanimité & de précautions, & par des négociations continuelles. Voilà ce que je propoſe de la France; prouvons-le par des exemples ſenſibles.

La France montre l'exemple depuis plus de vingt ans de préférer la gloire de l'arbitrage à celle des conquêtes.

Quand la France voudra procurer à l'Europe le bonheur dont elle jouit, elle mettra toutes ſes forces à réprimer les ambitieux, & elle y mettra autant d'application que Louis XI, le Cardinal de Richelieu, & Louis XIV. en ont mis à reculer nos frontieres.

Nous conſidérons qu'il y a aujourd'hui quatre principales Puiſſances ambitieuſes qu'il faudroit réprimer, parce que leurs intérêts troublent l'Europe.

I. Contre la maiſon d'Autriche nous ameuterons les vaſſaux les plus puiſſans; nous leur repréſenterons que les avantages qu'on leur propoſe ne ſont que trompeurs, & nous leur perſuaderons par une conduite deſintéreſſée que nous ne recherchons que l'union du corps Germanique.

Nous laiſſerons faire & aiderons ſecretement les Ottomans. Nous ſémerons la diviſion entre la maiſon d'Autriche, la Czarine & la Grande Bretagne. Nous entretiendrons à la cour de Ruſſie quelques émiſſaires habiles & prudens. Nous dépenſerons quelques ſommes d'argent dans le Nord où le notre eſt toujours bien reçû.

On parviendra aiſément à diminuer le nombre des Etats héréditaires de la maiſon d'Autriche en faveur des maiſons de Baviere, de Saxe & de Pruſſe, qui y ont des prétentions.

Sans nous flatter en faveur de notre maiſon Royale, convenons que la maiſon d'Autriche eſt plus dangereuſe en Italie, que le Roi Dom Carlos. Celui-ci eſt confiné à l'extrémité de ce continent. Il a beſoin de toute la faveur d'Efpagne pour établir fa domination naiffante. Les fecours font lents à y paffer. La maifon d'Autriche au contraire y poffede les plus belles provinces; le defpotifme y eft établi & l'introduction des fecours de plein pied. Son expulfion eft donc plus néceffaire & plus preffante que celle de Dom Carlos, & nous devons toujours favorifer le recouvrement qu'en pourroit faire une tierce partie.

II. J'ai déja dit que nous pouvons reprendre crédit fur la cour de Ruffie par nos Emiffaires & par nos fubfides.

Le Dannemarc eft livré à l'Angleterre depuis que le Souverain d'Hannovre régne fur la Grande-Bretagne. Le Dannemarc vend fes troupes depuis longtems, & ne figure plus en Europe fur fon propre compte.

La Suéde a du fer, une excellente difcipline, du courage, une marine, & la Démocratie y eft écoutée aujourd'hui.

III. Nous reprimerons les deffeins chimériques & ambitieux de l'Efpagne par une conduite fuivie. Nous ne nous effrayerons point de fa colere, & nous ne nous laifferons point échauffer de fes careffes: froideur politique au dehors, tendreffe & zele au au dedans. Elle nous recherchera toujours, parce qu'elle ne peut agir qu'avec nous & par nous. Elle ſera toujours ſûre de nos Miniſtres s'ils ſe laiſſent tenter aux richeſſes qu'elle offre.

Nous pouvons fortifier le Portugal & le mettre dans un état inexpugnable, au point même qu'on préſentât à l'Eſpagne cette barriere ſi elle vouloit renouveller des querelles en Europe ; bien aſſurés que le Portugal n'ira point conquérir ſur l'Eſpagne, mais qu'il en a tout à craindre.

Nos refroidiſſemens trouveront grace auprès de toute l'Europe, qui ne ſe défie rien tant que de notre trop d'union avec elle.

Nous devons cependant protéger par notre marine les colonies Eſpagnoles en Amérique, & nous oppoſer en Europe à ſes conquêtes.

La fin derniere de la politique doit être la pacification, & par conſéquent d'écarter tout ce qu'on prévoit devoir cauſer des guerres.

Les réunions par mariages & par droits ſucceſſifs ne ſont pas moins dangereuſes que les conquêtes par les armes ; on ſe prémunit contre les conquérans ; on ne ſent le mal des acquiſitions par le droit ſucceſſif que quand il eſt fait, il cauſe des guerres plus longues & plus ſanguinaires.

Il ſeroit donc à ſouhaiter que l'étendue des Etats de l'Europe fût fixe & ne variât point par le droit ſucceſſif & d'alliance.

La maiſon d'Autriche a peu acquis par l'épée; toute ſa grandeur lui eſt venue par des mariages; un Poëte a dit d'elle:

Bella gerant alii, tu felix Auſtria nube;
Nam quæ Mars aliis, dat tibi Regna Venus.

Et ailleurs:

Auſtriaca Domus plus lanceâ carnis quam lanceâ belli.

IV. Enfin toute l'Europe eſt intéreſſée à diminuer le commerce tyrannique des Anglois, commerce qui s'agrandira encore par la raiſon qu'il a déja avancé ſi fort ſes progrès. Les forces, qui ſurpaſſent celles du commun, ſervent toujours en acquérir de nouvelles. En leur donnant des affaires chez eux, on empêche pour un tems qu'ils méſurent de leurs forces en argent pour faire la guerre ou pour ruïner l'équilibre; mais il faut ſe garder d'éteindre le feu en l'attiſant. Les beſoins preſſans réveillent promptement & puiſſamment cette Nation; tous les partis s'y réuniſſent, &, malgré les dettes publiques, des particuliers ſi riches fourniſſent des grandes reſſources.

Il faudroit donc plus de précautions qu'à tout autre mal pour attaquer celui-ci avec ſuccès. Pour diminuer les privileges de commerce dont jouiſſent les Anglois, il faut une protection toute prête en faveur des Nations qui retrancheroient ſes privileges.

Pour arrêter entiérement leurs fraudes dans les colonies Eſpagnoles, il faut ſe préparer à une grande guerre maritime en ces contrées éloignées; & ſi on y parvenoit, les floriſſantes colonies Angloiſes ſe reduiroient à peu de choſe.

Pour cela il nous faut une marine digne de notre empire ſitué ſur deux mers, dans un climat fertile & habité: ce doit être un des premiers ſoins de cette dépenſe quelle qu'elle ſoit.

CONCLUSION.

On dira ſans doute contre ce ſyſtême, mais où ſeront les Alliés de la France? On répondra qu'elle n'en aura point de particuliers ni de ſixes, mais qu'elle aura toujours l'Europe entiere pour amie & pour dépendante.

Il faut bannir l'idée de ces aſſociations de Puiſſances qui paroiſſent fondées ſur l'affection ; elles ont la défenſe commune pour prétexte ; mais l'envahiſſement pour vocation.

Quand on ſe rendra à la raiſon, on conviendra que la France, ainſi que preſque tous les grands Etats, ſuffiront à leur propre défenſe. On ne va point les attaquer de gayeté de cœur pour les diminuer ; les ligues défenſives, qu'ils contractent ſont toujours offenſives au fond.

Paſſons en revûe l'état préſent de toutes les Puiſſances de l'Europe, & nous trouverons que la France eſt ſeule aujourd'hui en pouvoir de jouer ce beau rôle d'arbitre univerſel. Elle ne demande rien, on ne lui demande rien. Elle a par elle-même des forces plus que ſuffiſantes pour ſe défendre ; ſa ſeule réputation la fait reſpecter après l'avoir fait craindre, quand elle a mis ſes forces en mouvement. Elle poſſede l'empire du goût & des arts ; elle a obtenu cet avantage ſans le chercher. Quelles autres loix donnera-t-elle encore que celles de la ſageſſe & de politique ? Voilà la véritable Monarchie univerſelle. Juger c'eſt gouverner ; décider avec équité devroit être le ſeul empire ſur les hommes.

FIN.

www.ingramcontent.com/pod-product-compliance
Ingram Content Group UK Ltd.
Pitfield, Milton Keynes, MK11 3LW, UK
UKHW021133260726
13994UKWH00001B/116

9 782329 356723